넥서스 JAPANESE

どうすれば日本語が上手になりますか。

어떻게 하면 일본어를 잘하게 됩니까?

1 다음 단어의 읽는 법을 히라가나로 적어 보세요.

勉強	_____	漢字	_____
就職	_____	意味	_____
苦手	_____	映画	_____
絵	_____	値段	_____
工夫	_____	食事	_____
卒業	_____	上手だ	_____

2 다음 일본어의 우리말 뜻을 적어 보세요.

～ほど	_____	難^{むずか}しい	_____

～ほど _____ 難しい _____

～てから _____ 覚える _____

～ように _____ いちばん _____

～なんか _____ テストを受ける _____

できれば _____ お風呂に入る _____

ゆっくり _____ 薬を飲む _____

3 다음 문장을 일본어로 써 보세요.

1 어떻게 하면 일본어를 잘하게 됩니까? (どう | 上手になる)

⇨ _____

2 공부하면 할수록 어렵습니다. (勉強する | 難しい)

⇨ _____

3 졸업한 후에 무엇을 하고 싶나요? (卒業する | ～後)

⇨ _____

4 천천히 말하면 압니다. (ゆっくり | 話す)

⇨ _____

5 가능하다면 일본에서 취직하고 싶어요. (できれば | 就職する)

⇨ _____

6 글씨는 쓰면 쓸수록 좋아진다(잘 쓰게 된다). (字 | うまくなる)

⇨ _____

7 점점 따뜻해졌어요. (だんだん | 暖かい)

⇨ _____

8 생각하면 할수록 모르겠어. (考える | わからない)

⇨ _____

9 집에 돌아간 다음에 전화할게요. (家に帰る | 電話する)

⇨ _____

時代に遅れないように頑張っています。

시대에 뒤처지지 않도록 노력하고 있어요.

1 다음 단어의 읽는 법을 히라가나로 적어 보세요.

時代	_____	残業	_____
無理	_____	人生	_____
大変	_____	一度	_____
情報	_____	新聞	_____
苦労	_____	遅刻	_____
不景気	_____	平日	_____

2 다음 일본어의 우리말 뜻을 적어 보세요.

遅れる	_____	ほかの	_____
頑張る	_____	集める	_____
だいぶ	_____	くたくた	_____
慣れる	_____	流れ	_____
飲みすぎる	_____	靴をはく	_____
～だけ	_____	変わる	_____

3 다음 문장을 일본어로 써 보세요.

1 꽤 익숙해졌어요. (だいぶ | 慣れる)

⇒ _____

2 술은 과음하지 않도록 하세요. (〜ようにしてください)

⇒ _____

3 우리 회사뿐만 아니라 어디든 같을 거예요. (〜だけじゃなくて)

⇒ _____

4 과로하지 않도록 하세요. (働く)

⇒ _____

5 배가 고파졌어요. (お腹がすく)

⇒ _____

6 너무 과식하지 않도록 하세요. (あまり | 〜ないようにしてください)

⇒ _____

7 공원은 조용할 거예요. (静かだ | 〜でしょう)

⇒ _____

8 그는 영어뿐만 아니라 중국어도 할 수 있어요. (英語 | できる)

⇒ _____

9 (날씨가) 꽤 선선해졌습니다. (ずいぶん | 涼しくなる)

⇒ _____

天気予報によると、大雨だそうです。

일기예보에 따르면 비가 많이 내린다고 합니다.

1 다음 단어의 읽는 법을 히라가나로 적어 보세요.

天気予報 ＿＿＿＿＿＿＿＿   天気 ＿＿＿＿＿＿＿＿

大雨 ＿＿＿＿＿＿＿＿   雷雨 ＿＿＿＿＿＿＿＿

今度 ＿＿＿＿＿＿＿＿   一生懸命 ＿＿＿＿＿＿＿＿

水族館 ＿＿＿＿＿＿＿＿   動物園 ＿＿＿＿＿＿＿＿

大丈夫だ ＿＿＿＿＿＿＿＿   切符 ＿＿＿＿＿＿＿＿

各地 ＿＿＿＿＿＿＿＿   電気 ＿＿＿＿＿＿＿＿

2 다음 일본어의 우리말 뜻을 적어 보세요.

～によると ＿＿＿＿＿＿＿＿   ～なら ＿＿＿＿＿＿＿＿

～しか ＿＿＿＿＿＿＿＿   休(やす)み ＿＿＿＿＿＿＿＿

忙(いそが)しい ＿＿＿＿＿＿＿＿   ところ ＿＿＿＿＿＿＿＿

知(し)る ＿＿＿＿＿＿＿＿   ニュース ＿＿＿＿＿＿＿＿

晴(は)れる ＿＿＿＿＿＿＿＿   思(おも)いきって ＿＿＿＿＿＿＿＿

ように ＿＿＿＿＿＿＿＿   花(はな)が咲(さ)く ＿＿＿＿＿＿＿＿

3 다음 문장을 일본어로 써 보세요.

1 일기예보에 따르면 눈이 온다고 합니다. (〜によると | 雪が降る | 〜そうだ)

   ⇨ _____

2 내일은 비가 많이 내린다고 해요. (大雨だ)

   ⇨ _____

3 또 다음번으로 할 수밖에 없다. (今度にする | 〜しかない)

   ⇨ _____

4 수족관이라면 비가 내려도 괜찮다. (〜なら | 〜でも)

   ⇨ _____

5 점점 선선해진다고 합니다. (だんだん | 涼しくなる)

   ⇨ _____

6 열심히 공부하는 수밖에 없어. (一生懸命)

   ⇨ _____

7 그 이야기라면 모두 다 알고 있어. (〜なら | みんな)

   ⇨ _____

8 이 버튼을 누르면 뜨거운 물이 나옵니다. (ボタンを押す | お湯が出る)

   ⇨ _____

9 형은 바쁘다고 합니다.

   ⇨ _____

仕事が終わったら話しましょう。
일이 끝나면 이야기합시다.

1 다음 단어의 읽는 법을 히라가나로 적어 보세요.

最近 _____　　　言葉 _____

元気 _____　　　予約 _____

定時 _____　　　電話 _____

在庫 _____　　　掃除 _____

具合 _____　　　洗濯 _____

相談 _____　　　暇だ _____

2 다음 일본어의 우리말 뜻을 적어 보세요.

終わる _____　　　働きすぎ _____

どうか _____　　　調べる _____

けんか _____　　　甘える _____

待つ _____　　　～ながら _____

出る _____　　　～ちゃう _____

ご馳走する _____　　　～みたいだ _____

3 다음 문장을 일본어로 써 보세요.

1 요즘 기운이 없어 보여. (元気がない | ～みたい)

⇨ _____

2 남자 친구랑 싸우고 말았어. (～と | ～ちゃう)

⇨ _____

3 어디서 내리면 됩니까? (降りる | ～たらいい)

⇨ _____

4 제시간에 끝날지 어떨지 모르겠어요. (定時に終わる | ～かどうか)

⇨ _____

5 일이 끝나면 식사하면서 이야기합시다. (～たら | ～ながら)

⇨ _____

6 아무래도 감기에 걸린 것 같아. (どうも | ～みたい)

⇨ _____

7 늦잠을 자 버려서 학교에 늦었어. (朝寝坊する | ～ちゃう | 遅れる)

⇨ _____

8 그쪽에 도착하면 연락 주세요. (向こう | 着く)

⇨ _____

9 예약이 필요한지 어떨지 물어볼게요. (聞いてみる)

⇨ _____

1 다음 단어의 읽는 법을 히라가나로 적어 보세요.

顔 _____

一軒 _____

言い訳 _____

手伝う _____

心配 _____

緊張 _____

簡単 _____

肌 _____

今度 _____

手土産 _____

今晩 _____

勝手 _____

2 다음 일본어의 우리말 뜻을 적어 보세요.

真っ赤 _____

おかわり _____

帰る _____

ちょっと _____

送る _____

酔う _____

そんな _____

さしつかえる _____

そんなに _____

お腹がすく _____

静かにする _____

タバコを吸う _____

3 다음 문장을 일본어로 써 보세요.

1 조용히 해! (静かにする | 명령형)

⇨ _____

2 얼굴이 새빨개. (真っ赤 | ~よ)

⇨ _____

3 바래다줄게. (送る | ~よ)

⇨ _____

4 그런 말 하지 마라. (そんな | ~な)

⇨ _____

5 괜찮으면 우리 집에 와라. (よかったら | 명령형 | ~よ)

⇨ _____

6 한가운데 놔두세요. (真ん中 | 置く)

⇨ _____

7 영화라도 보고 갈래? (~でも | ~てく)

⇨ _____

8 핑계 대지 마. (言い訳 | ~な)

⇨ _____

9 시간 있으니까 걸어갈게. (~から | ~てく | ~よ)

⇨ _____

誕生日プレゼントと花束をもらいました。
생일 선물과 꽃다발을 받았습니다.

1 다음 단어의 읽는 법을 히라가나로 적어 보세요.

主人 _____   指輪 _____

花束 _____   記念日 _____

十分 _____   冗談 _____

腕時計 _____   高価 _____

宿題 _____   用事 _____

素敵 _____   誕生日 _____

2 다음 일본어의 우리말 뜻을 적어 보세요.

プレゼント _____   そしたら _____

バラ _____   実<ruby>じっ</ruby>は _____

それで _____   買<ruby>か</ruby>う _____

教<ruby>おし</ruby>える _____   うらやましい _____

やさしい _____   引<ruby>ひ</ruby>っ越<ruby>こ</ruby>し _____

おしゃれだ _____   自<ruby>じ</ruby>信<ruby>しん</ruby>がある _____

3 다음 문장을 일본어로 써 보세요.

1 그에게 무엇을 주었나요? (~んですか)

⇨ _____

2 부인은 남편에게 손목시계를 주었습니다. (腕時計)

⇨ _____

3 남편이 선물해 줬어요. (~てくれる)

⇨ _____

4 장미 꽃다발도 받았습니다. (バラの花束 | ~も)

⇨ _____

5 친구가 숙제를 도와주었습니다. (手伝う | ~てくれる)

⇨ _____

6 김 씨에게 일본어를 가르쳐 주었습니다. (教える | ~てあげる)

⇨ _____

7 모르는 사람이 역까지의 길을 알려 주었습니다. (知らない人 | ~までの)

⇨ _____

8 이웃 사람이 (나의) 이사를 도와주었습니다. (隣の人 | ~てもらう)

⇨ _____

9 선생님께서 작문을 고쳐 주었습니다. (直す | ~てもらう)

⇨ _____

就活で忙しいようです。

구직 활동으로 바쁜 것 같아요.

1 다음 단어의 읽는 법을 히라가나로 적어 보세요.

就活		就職	
財布		事故	
海外		年齢	
完璧		救急車	
真面目		足音	
勤務		午後	

2 다음 일본어의 우리말 뜻을 적어 보세요.

ポケット		この頃	
落ちる		なかなか	
入れる		見かける	
なくす		そういえば	
前にも		髪を切る	
さびしい		〜かもしれない	

1 주머니에서 지갑이 떨어질 것 같아요. (ポケット | 落ちる | 〜そうだ)

⇨ _____

2 주머니에 넣지 않는 편이 좋아요. (入れる | 〜ない方がいい)

⇨ _____

3 구직 활동으로 바쁜 것 같아요. (就活で | 〜ようだ)

⇨ _____

4 그는 간다고 말했습니다. (〜と言ってました)

⇨ _____

5 누가 온 것 같습니다. (〜ようだ)

⇨ _____

6 전에도 지갑을 잃어버린 적이 있거든요. (なくす | 〜ことがあるんです)

⇨ _____

7 또 잃어버릴지도 모릅니다. (〜かもしれません)

⇨ _____

8 비가 올 것 같아요.

⇨ _____

9 술은 그다지 안 마시는 게 좋아요. (あまり)

⇨ _____

1 다음 단어의 읽는 법을 히라가나로 적어 보세요.

遠慮 _____   写真 _____

泥 _____   誤解 _____

心配 _____   迷惑 _____

旅行 _____   風邪 _____

準備 _____   窓 _____

講義 _____   講演会 _____

2 다음 일본어의 우리말 뜻을 적어 보세요.

ハンカチ _____   雨に降られる _____

タオル _____   気にする _____

濡れる _____   蚊に刺される _____

はねる _____   窓を開ける _____

汚す _____   顔を洗う _____

すぐそこ _____   皿を洗う _____

16

3 다음 문장을 일본어로 써 보세요.

1 비를 맞아서 젖어 버렸어요. (雨に降られる | 濡れる | ~てしまう)

⇨ _____

2 (계속) 젖은 채로 집에 돌아왔습니다. (~まま | 帰ってくる)

⇨ _____

3 민폐만 끼쳐서 죄송합니다. (迷惑をかける | ~っぱなしで)

⇨ _____

4 친구가 와 버려서 곤란했어요. (~に来られる | 困る)

⇨ _____

5 여기서 사진을 찍지 말아 주세요. (~ないでください)

⇨ _____

6 창문을 연 채로 외출했습니다. (窓を開ける | 出かける)

⇨ _____

7 전기를 계속 켜 놓지 말고 제대로 끕시다. (電気をつける | ちゃんと | 消す)

⇨ _____

8 무리하지 마세요. (~ないでください)

⇨ _____

9 선생님한테 혼나서 기운이 없어. (~に叱られる | 元気がない)

⇨ _____

もう一度息子とよく話し合ってみます。

다시 한번 아들과 잘 이야기해 보겠습니다.

1 다음 단어의 읽는 법을 히라가나로 적어 보세요.

宿題 _____   季節 _____

野菜 _____   電車 _____

心配事 _____   日記 _____

塾 _____   朝 _____

選手 _____   牛乳 _____

信用 _____   全然 _____

2 다음 일본어의 우리말 뜻을 적어 보세요.

話し合う _____   自由にする _____

もう一度 _____   うちの子 _____

たくさん _____   ～ばかり _____

サッカー _____   遊ぶ _____

呼ぶ _____   びっくりする _____

楽しい _____   買い物に行く _____

3 다음 문장을 일본어로 써 보세요.

1 어머니는 아이에게 야채를 먹였습니다. (野菜)

   ⇨ _____

2 고기만 먹지 말고 야채도 먹어라. (〜ばかり | 〜ないで | 〜なさい)

   ⇨ _____

3 지금 막 일어난 참이에요. (〜ばかりだ)

   ⇨ _____

4 숙제를 하거나 TV를 보거나 합니다. (宿題をやる)

   ⇨ _____

5 시간이 있으면 영화를 보거나 책을 읽거나 합니다.

   ⇨ _____

6 아들과 잘 이야기해 볼게요. (よく話し合う | 〜てみる)

   ⇨ _____

7 우리 아이는 식사 중에 스마트폰만 보고 있어서 큰일이에요. (スマホ | 困る)

   ⇨ _____

8 조금 더 생각하게 해 주세요. (もう少し)

   ⇨ _____

9 집에서 막 나왔어요. (家を出る)

   ⇨ _____

お酒を飲ませられました。

억지로 술을 마셨습니다.

1 다음 단어의 읽는 법을 히라가나로 적어 보세요.

店 _____　　本屋 _____

予約 _____　　出口 _____

道 _____　　交差点 _____

角 _____　　横断歩道 _____

左手 _____　　銀行 _____

大変だ _____　　給食 _____

2 다음 일본어의 우리말 뜻을 적어 보세요.

まっすぐ _____　　助_{たす}かる _____

けっこう _____　　二日酔_{ふつか よ}い _____

後_{あと}で _____　　曲_まがる _____

二_{ふた}つ目_め _____　　降_おりる _____

見_みえる _____　　止_とめる _____

飲_のみ会_{かい} _____　　乗_のり換_かえる _____

3 다음 문장을 일본어로 써 보세요.

1 어제도 (마시고 싶지 않았으나 어쩔 수 없이) 술을 마셨습니다. (飲ませられる)

⇨ _____

2 호텔을 예약해 두세요. (〜ておく)

⇨ _____

3 이 길을 곧장 가면 왼편에 있어요. (まっすぐ | 〜たら)

⇨ _____

4 3시간이나 (어쩔 수 없이) 기다렸습니다.

⇨ _____

5 여기에서 어떻게 가면 되나요? (ここから | 行けば)

⇨ _____

6 창문을 열어 두세요. (開けておく)

⇨ _____

7 이 다리를 건너면 편의점은 바로예요. (渡ったら | すぐそこ)

⇨ _____

8 슈퍼마켓은 이 모퉁이를 돌면 오른쪽에 보여요. (角を曲がる | 見える)

⇨ _____

9 은행은 이 길을 곧장 가면 오른쪽에 있어요.

⇨ _____

部活っていうのは、クラブ活動のことよ。

부활동이라는 것은 클럽 활동이라는 뜻이야.

1 다음 단어의 읽는 법을 히라가나로 적어 보세요.

一緒に _____　　部屋 _____

活動 _____　　駅 _____

波 _____　　各駅停車 _____

興味 _____　　部活 _____

先輩 _____　　性格 _____

一度 _____　　雑誌 _____

2 다음 일본어의 우리말 뜻을 적어 보세요.

クラブ _____　　もちろん _____

どうして _____　　にぎやかだ _____

もちろん _____　　<ruby>一<rt>ひとり</rt></ruby>人で _____

<ruby>入<rt>はい</rt></ruby>る _____　　<ruby>気<rt>き</rt></ruby>に<ruby>入<rt>い</rt></ruby>る _____

<ruby>危<rt>あぶ</rt></ruby>ない _____　　～ばかり _____

ドア _____　　～みたいだ _____

22

다음 문장을 일본어로 써 보세요.

1 같이 집에 가지 않을래? (一緒に)

　⇨ _____

2 '가쿠테이'란 '각 역 정차'를 뜻합니다. (～っていうは …のことです)

　⇨ _____

3 파도가 높아서 위험합니다. (波 | ～し)

　⇨ _____

4 나도 들어갈까? (入る | ～かな)

　⇨ _____

5 차라도 마실까? (～でも)

　⇨ _____

6 문 닫아 주지 않을래? (～てくれる)

　⇨ _____

7 시간도 없고 돈도 없습니다. (～し)

　⇨ _____

8 우리 집에 놀러 오지 않을래? (遊びに来る)

　⇨ _____

9 디카란 디지털카메라를 뜻합니다. (～っていうは …のことです)

　⇨ _____

1 다음 단어의 읽는 법을 히라가나로 적어 보세요.

少々 _____   返事 _____

会議 _____   荷物 _____

失礼 _____   誠に _____

名前 _____   昼食 _____

商品 _____   お宅 _____

連絡 _____   後ほど _____

2 다음 일본어의 우리말 뜻을 적어 보세요.

なさる _____   いらっしゃる _____

^{うかが}
伺う _____   召し上がる _____

いたす _____   おっしゃる _____

まいる _____   アイスコーヒー _____

^{ねが}
願う _____   持ち帰り _____

^{たし}
確かめる _____   遅くなる _____

3 다음 문장을 일본어로 써 보세요.

1   회의는 언제 하십니까? (なさる)

    ⇨ _____

2   내일 전화드리겠습니다. (お〜する)

    ⇨ _____

3   잠시 기다려 주십시오. (少々 | お〜ください)

    ⇨ _____

4   오늘 댁에 계십니까? (いる의 존경어)

    ⇨ _____

5   연락 기다리겠습니다. (お〜いたす)

    ⇨ _____

6   들어오십시오. (お〜ください)

    ⇨ _____

7   점심은 드셨습니까? (食べる의 존경어)

    ⇨ _____

8   좋습니까? (いい의 겸양어)

    ⇨ _____

9   죄송합니다. (すみません의 겸양어)

    ⇨ _____

またメールいたします。

또 메일 드리겠습니다.

1 다음 단어의 읽는 법을 히라가나로 적어 보세요.

資料		是非	
写真		花見	
生活		書類	
案内		説明	
桜		調子	
就職難		授業	

2 다음 일본어의 우리말 뜻을 적어 보세요.

メール		くださる	
送る		いただく	
あいさつ		あきらめる	
経つ		懐かしい	
散る		役に立つ	
見ごろ		～つもりです	

3 다음 문장을 일본어로 써 보세요.

1 부산에 갑니다. (行く의 겸양어)

⇨ _____

2 선생님이 만들어 주셨습니다. (〜ていただく)

⇨ _____

3 찾아뵙겠습니다. (伺う | 〜ていただく)

⇨ _____

4 아무 데도 안 가고 집에 있었습니다. (〜ずに)

⇨ _____

5 회사에 안 가고 집에서 자고 있었습니다. (〜ずに)

⇨ _____

6 일찍 돌아가도록 하겠습니다. (〜ていただく)

⇨ _____

7 선생님이 칭찬해 주셨어. (ほめる | 〜ていただく)

⇨ _____

8 많은 분들이 와 주셨습니다. (たくさんの方 | 〜ていただく)

⇨ _____

9 내일 쉬도록 하겠습니다. (休む | 〜ていただく)

⇨ _____

나 혼자 끝내는
독학 일본어
첫걸음 한 걸음 더

나혼자 끝내는
독학 일본어
첫걸음 한 걸음 더

나혼자 끝내는 독학 일본어 첫걸음 한 걸음 더

지은이 황미진
펴낸이 임상진
펴낸곳 (주)넥서스

초판 1쇄 발행 2018년 11월 30일
초판 7쇄 발행 2022년 10월 14일

2판 1쇄 발행 2024년 1월 5일
2판 3쇄 발행 2024년 7월 15일

출판신고 1992년 4월 3일 제311-2002-2호
주소 10880 경기도 파주시 지목로 5
전화 (02)330-5500 팩스 (02)330-5555

ISBN 979-11-6683-667-1 13730

www.nexusbook.com

나 혼자 끝내는

독학 일본어

첫걸음 한 걸음 더

황미진 지음

넥서스 JAPANESE

나혼자 일본어 공부법

1 먼저 **동영상 강의**를 들어 보세요.

» ① QR코드
② 유튜브

잘 들어보세요~

2 문장을 통해 주요 표현과 기초 문법을 공부합니다. MP3를 들으며 단어도 같이 외워 주세요. 공부한 내용을 바로 확인할 수 있는 간단한 연습문제가 있습니다.

» ① QR코드
② 넥서스 홈페이지

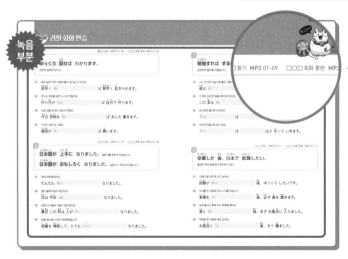

3 주요 문형에 단어를 바꿔 넣어 회화 연습을 해 보세요. 처음에는 **듣기 MP3**를 들어 보고, 두 번째는 **회화 훈련 MP3**를 들으면서 따라 말해 보세요.

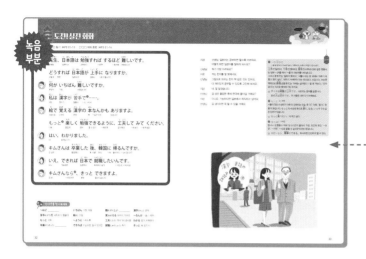

4 다이얼로그는 '핵심 문장 익히기'에서 배운 문장들로 구성되어 있습니다. 해석이 잘 안 되는 부분이 있다면 '핵심 문장 익히기'를 다시 확인해 주세요.

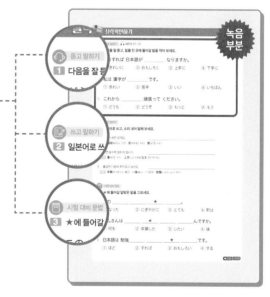

5 연습문제를 풀면서 실력을 확인해 보세요. '듣고 말하기', '쓰고 말하기', '시험 대비 문법' 문제로 구성되어 있습니다.

공부 순서

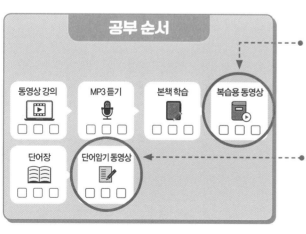

6 복습용 동영상을 보면서 '핵심 문장 익히기'와 '리얼 회화 연습'의 내용을 확실하게 익힙시다.
  » ① QR코드   ② 유튜브

7 단어 암기는 외국어 학습의 기본입니다. **단어 암기 동영상**을 틈틈이 반복해서 보면 단어를 보다 쉽게 외울 수 있습니다.
  » ① QR코드   ② 유튜브

<나혼자 끝내는 독학 일본어 첫걸음 : 한 걸음 더>는 혼자서 일본어를 공부하는 분들을 위해 개발된 독학자 맞춤형 교재입니다. 학원에 다니지 않아도, 단어장이나 다른 참고서를 사지 않아도 이 책 한 권만으로 충분히 일본어를 마스터할 수 있도록 구성되어 있습니다. 혼자 공부하는 학습자들을 위해 총 10가지 독학용 학습자료를 무료로 제공합니다.

온라인 무료 제공

 동영상 강의 — '일본어 말문 트기', '포기했던 일본어 다시 시작하기' 전문 강사 선생님이 왕초보 학습자들이 헷갈리는 부분을 콕콕 집어 알려 줍니다.

 단어 암기 동영상 — 보기만 해도 머릿속에 쏙쏙! 깜빡이 학습법으로 단어를 자동 암기할 수 있도록 도와줍니다.

 복습용 동영상 — 문장 통째로 암기하기! '리얼 회화 연습'의 문장들을 복습할 수 있습니다.

 듣기 MP3 — 일본인 선생님의 정확한 발음을 들어 보세요. MP3만 들어도 듣기 공부가 됩니다.

 회화 훈련 MP3 — 일본어 음성을 듣고 따라 말하는 연습을 할 수 있도록 구성되어 있습니다. 큰 소리로 세 번씩 말해 보세요.

 별책부록
워크북 — 워크북으로 다시 한 번 공부한 내용을 확인할 수 있습니다. 틀린 문제가 있으면 그 부분을 복습해서 확실하게 알고 넘어갑시다.

 별책부록
도우미 단어장 — Day별 주요 단어와 표현을 정리해 놓았습니다. 단어 암기는 외국어 학습의 기본입니다. 들고 다니면서 틈틈이 단어를 암기합시다.

 별책부록
필수 한자 단어장 — 한자가 어려워서 일본어 포기하신다고요?! 꼭 알아야 할 필수 한자의 음독, 훈독 읽는 방법을 알려 줍니다.

 본책 앞부분
왕초보 문법 복습 노트 — 빠른 속도로 읽으면서 명사, 형용사, 동사 ます형, て형 등 일본어 기초 문법을 다시 한 번 정리해 보세요. 공부하다가 헷갈리는 부분이 있으면 다시 읽어 보세요.

 본책 끝부분
핵심 문법 요점 노트 — 중급으로 넘어가기 전에 꼭 알아야 할 주요 문법들을 정리해 두었습니다. Day 13까지 공부한 다음에 읽으면서 복습해 보세요.

MP3 & 무료 동영상 보는법

방법 1

스마트폰에 QR코드 리더를 설치하여
책 속의 QR코드를 인식한다.
» MP3 & 동영상

방법 2

nexusbook.com에서 도서명으로 검색한 다음
MP3/부가자료 영역에서 **다운받기** 를 클릭한다.
» MP3 & 동영상

★★★ 스마트폰에서도 바로 볼 수 있어요! ★★★

❶ '넥서스 홈페이지' 접속
   www.nexusbook.com
❷ '다운받기' 클릭 후 파일 다운로드

방법 3

유튜브에서 ▶ 나혼자 끝내는 일본어 한걸음더 를 검색한다.
» 동영상

검색해보자

15일 완성 학습 플래너

동영상 강의 ▶️　MP3 🎧　단어장 📝　워크북 📝

	동영상 강의	본책 🎧 MP3와 함께 들어 보세요	워크북	단어장	복습
왕초보 문법 복습 노트		왕초보 문법 복습 노트 14~24쪽			
Day 01	▶️	문장 익히기 ➡ 회화 연습 ➡ 실전 회화 ➡ 실력 확인 25~34쪽	📝 2~3쪽	📝 2~3쪽	복습용 동영상　단어암기 동영상
Day 02	▶️	문장 익히기 ➡ 회화 연습 ➡ 실전 회화 ➡ 실력 확인 35~44쪽	📝 4~5쪽	📝 4~5쪽	복습용 동영상　단어암기 동영상
Day 03	▶️	문장 익히기 ➡ 회화 연습 ➡ 실전 회화 ➡ 실력 확인 45~54쪽	📝 6~7쪽	📝 6~7쪽	복습용 동영상　단어암기 동영상
Day 04	▶️	문장 익히기 ➡ 회화 연습 ➡ 실전 회화 ➡ 실력 확인 55~64쪽	📝 8~9쪽	📝 8~9쪽	복습용 동영상　단어암기 동영상
Day 05	▶️	문장 익히기 ➡ 회화 연습 ➡ 실전 회화 ➡ 실력 확인 65~74쪽	📝 10~11쪽	📝 10~11쪽	복습용 동영상　단어암기 동영상
Day 06	▶️	문장 익히기 ➡ 회화 연습 ➡ 실전 회화 ➡ 실력 확인 75~84쪽	📝 12~13쪽	📝 12~13쪽	복습용 동영상　단어암기 동영상
Day 07	▶️	문장 익히기 ➡ 회화 연습 ➡ 실전 회화 ➡ 실력 확인 85~94쪽	📝 14~15쪽	📝 14~15쪽	복습용 동영상　단어암기 동영상
Day 08	▶️	문장 익히기 ➡ 회화 연습 ➡ 실전 회화 ➡ 실력 확인 95~104쪽	📝 16~17쪽	📝 16~17쪽	복습용 동영상　단어암기 동영상
Day 09	▶️	문장 익히기 ➡ 회화 연습 ➡ 실전 회화 ➡ 실력 확인 105~114쪽	📝 18~19쪽	📝 18~19쪽	복습용 동영상　단어암기 동영상

	동영상 강의	본책 🎧 MP3와 함께 들어 보세요	워크북	단어장	복습
Day 10	▶	문장 익히기 ➡ 회화 연습 ➡ 실전 회화 ➡ 실력 확인 115~124쪽	20~21쪽	20~21쪽	복습용 동영상 단어암기 동영상
Day 11	▶	문장 익히기 ➡ 회화 연습 ➡ 실전 회화 ➡ 실력 확인 125~134쪽	22~23쪽	22~23쪽	복습용 동영상 단어암기 동영상
Day 12	▶	문장 익히기 ➡ 회화 연습 ➡ 실전 회화 ➡ 실력 확인 135~144쪽	24~25쪽	24~25쪽	복습용 동영상 단어암기 동영상
Day 13	▶	문장 익히기 ➡ 회화 연습 ➡ 실전 회화 ➡ 실력 확인 145~154쪽	26~27쪽	26~27쪽	복습용 동영상 단어암기 동영상
핵심 문법 요점 노트	핵심 문법 요점 노트 156~167쪽				

목차

왕초보 문법 복습 노트	13

Day 01
どうすれば日本語が上手になりますか。 어떻게 하면 일본어를 잘하게 됩니까?   **25**

☐ 동사의 ば형 가정 표현   ☐ ～なります
☐ ～ば …ほど   ☐ 동사의 た형+後(あと)
☐ 동사의 ます형+たい

Day 02
時代に遅れないように頑張っています。 시대에 뒤쳐지지 않도록 노력하고 있어요.   **35**

☐ ～てくる   ☐ 동사의 ます형+すぎる
☐ ～ようにしてください   ☐ ～でしょう
☐ ～だけ   ☐ ～だけじゃなく(て)

Day 03
天気予報によると、大雨だそうです。 일기예보에 따르면 비가 많이 내린다고 합니다.   **45**

☐ 동사의 기본형+と 가정 표현   ☐ ～によると
☐ ～そうだ   ☐ 동사의 기본형+しかない
☐ ～なら 가정 표현

Day 04
仕事が終わったら話しましょう。 일이 끝나면 이야기합시다.   **55**

☐ ～みたいだ   ☐ ～てしまう＝～ちゃう
☐ ～たら 가정 표현   ☐ ～かどうか

포인트를 콕콕~

왕초보
문법
복습
노트

명사

'~이다'라고 할 때는 명사 뒤에 だ만 붙이면 됩니다. 공손하게 '~입니다'라고 할 때는 ～です라고 하면 되죠. 부정, 과거, 과거부정 형태도 함께 정리해 두세요. 부정형에서 では는 회화에서 じゃ로 줄여 말할 수도 있습니다.

존댓말		반말	
～です	～입니다	～だ	～이다
～では[じゃ]ありません ～では[じゃ]ないです	～이 아닙니다	～では[じゃ]ない	～이 아니다
～でした	～였습니다	～だった	～였다
～では[じゃ]ありませんでした ～では[じゃ]なかったです	～이 아니었습니다	～では[じゃ]なかった	～이 아니었다

예 私は学生です。 나는 학생입니다.　学生だ 학생이다

彼は警察官ではありません。 그는 경찰이 아닙니다.　警察官ではない 경찰이 아니다

ぼくの夢はサッカー選手でした。 내 꿈은 축구 선수였습니다.　サッカー選手だった 축구 선수였다

彼女は歌手ではありませんでした。 그녀는 가수가 아니었습니다.　歌手ではなかった 가수가 아니었다
(= 歌手じゃなかったです)

지시대명사

구분	こ	そ	あ	ど
사물을 가리킬 때 (것)	これ 이것	それ 그것	あれ 저것	どれ 어느 것
장소를 가리킬 때 (곳)	ここ 여기	そこ 거기	あそこ 저기	どこ 어디
방향을 가리킬 때 (쪽)	こちら 이쪽	そちら 그쪽	あちら 저쪽	どちら 어느 쪽
상태	こんな 이런	そんな 그런	あんな 저런	どんな 어떤
방법	こう 이렇게	そう 그렇게	ああ 저렇게	どう 어떻게
명사 수식	この人 이 사람	その本 그 책	あのビル 저 빌딩	どのかばん 어느 가방

예 それは何ですか。 그것은 무엇입니까?

これはアクセサリーです。 이것은 액세서리입니다.

どれが好きですか。 어느 것을 좋아해요?

どんな人ですか。 어떤 사람입니까?

14

~が	~이/가, ~지만	納豆がきらいです。 낫토를 싫어합니다.
~は	~은/는	私は韓国人です。 나는 한국인입니다.
~を	~을/를	漫画を読んでいます。 만화책을 읽고 있어요.
~の	~의 ~의 것 ~인	私のものです。 내 것입니다. そのかばんは私のです。 그 가방은 제 거예요. 弟のジフンです。 남동생 지훈입니다.
~か	~인가, ~까?	駅はどこですか。 역은 어디예요?
~と	~와/과	犬と一緒に散歩します。 개와 같이 산책합니다.
~も	~도	弟も来ました。 남동생도 왔어요.
~に	~에(시간) ~에(장소) ~에게(사람)	3時に会いましょう。 3시에 만납시다. 銀行に勤めています。 은행에 근무하고 있어요. このプリント、みんなに渡してください。 이 프린트 모두에게 나눠 주세요.
~で	~에서(장소) ~으로(수단, 방법)	電車の中で、みんな携帯電話を見ている。 전철 안에서 모두 핸드폰을 보고 있다. 学校はバスで行きます。 학교는 버스로 갑니다.
~へ	~에, ~으로(방향)	大阪へ行きます。 오사카에 갑니다.
~から	~부터 ~니까(이유)	スーパーは9時からです。 슈퍼마켓은 9시부터입니다. たくさん寝ましたから、きょうは元気です。 많이 잤으니까 오늘은 건강해요.
~まで	~까지	8時から10時まで開いています。 8시부터 10시까지 엽니다.

위치 표현

うえ(上) 위		した(下) 아래	
まえ(前) 앞		うしろ(後ろ) 뒤	
なか(中) 안, 속		そと(外) 겉, 밖	
みぎ(右) 오른쪽		ひだり(左) 왼쪽	
あいだ(間) 사이		むかい(向かい) 맞은편	
そば・よこ(横)・となり(隣) 옆			

※ そば는 거리가 가까운 것이나 멀지 않은 느낌일 때 사용하고, よこ는 수평 또는 좌우 방향으로 늘어져 있는 옆을 가리키며, となり는 같은 종류나 묶음 중에서 가장 가까운 것을 나타내는 옆이나 이웃을 뜻합니다.

예 A 犬はどこにいますか。 개는 어디에 있어요?
　 B ベッドの横にいます。 침대 옆에 있어요.
　 A つくえの上に何がありますか。 책상 위에 뭐가 있어요?
　 B 何もありません。 아무것도 없어요.

존재 표현

	있습니다	있다	없습니다	없다
사물 · 무생물	あります	ある	ありません · ないです	ない
사람 · 동물	います	いる	いません · いないです	いない

例 パンフレットはどこにありますか。 팸플릿은 어디에 있습니까?

私は妹が二人います。 나는 여동생이 두 명 있습니다.

黒のかばんはありませんか。 검은색 가방은 없나요?

田中さんは席にいません。 다나카 씨는 자리에 없습니다.

い형용사

	반말	존댓말
기본형	～い	～いです
부정형	～くない	～くないです ～くありません
과거형	～かった	～かったです
과거부정형	～くなかった	～くなかったです ～くありませんでした

例 広い ➡ 広くない 넓지 않다
　넓다　　　　広かった 넓었다
　　　　　　　広くなかった 넓지 않았다

涼しい ➡ 涼しいです 시원해요
시원하다　　涼しくないです / 涼しくありません 시원하지 않아요
　　　　　　涼しかったです 시원했어요
　　　　　　涼しくなかったです / 涼しくありませんでした 시원하지 않았습니다

広い部屋 넓은 방 〈명사 수식〉

広くて高い 넓고 높다 〈연결〉

A おいしいですか。 맛있습니까?

B あまりおいしくないです。 별로 맛있지 않습니다.
　　（=おいしくありません）

16

な형용사

	반말	존댓말
기본형	～だ	～です
부정형	～じゃない	～じゃないです ～じゃありません
과거형	～だった	～でした
과거부정형	～じゃなかった	～じゃなかったです ～じゃありませんでした

例 **きれいだ**
깨끗하다, 예쁘다

➡ **きれいじゃない** 깨끗하지 않다, 예쁘지 않다
きれいだった 깨끗했다, 예뻤다
きれいじゃなかった 깨끗하지 않았다, 예쁘지 않았다

親切だ
しんせつ
친절하다

➡ **親切です** 친절해요
親切じゃないです/親切じゃありません 친절하지 않아요
親切でした 친절했어요
親切じゃなかったです/親切じゃありませんでした 친절하지 않았습니다

きれいな町 깨끗한 동네 〈명사 수식〉
まち

きれいで便利です。 깨끗하고 편리해요. 〈연결〉
べんり

동사의 종류

일본어 동사는 활용 규칙에 따라 세 가지 그룹으로 나뉩니다.

1그룹 동사	① る 이외의 う단으로 끝나는 동사 (う・く(ぐ)・す・つ・ぬ・ぶ・む)	例 **かう** 사다 **はなす** 이야기하다 **しぬ** 죽다 **よむ** 읽다	**いく** 가다 **まつ** 기다리다 **あそぶ** 놀다
	② る로 끝나는 동사 (る 앞의 음이 あ단·う단·お단)	例 **わかる** 알다 **とる** 잡다	**つくる** 만들다
2그룹 동사	る로 끝나는 동사 (る 앞의 음이 い단·え단)	例 **みる** 보다	**たべる** 먹다
3그룹 동사	불규칙한 활용을 하는 동사	例 **する** 하다	**くる** 오다

동사 기본형에 접속하는 표현

★ **~つもりです** ~할 작정입니다, ~할 생각입니다

예) チケットを予約_{よやく}するつもりです。 티켓을 예약할 생각이에요.

★ **~ことができます** ~할 수(가) 있습니다 `가능 표현`

예) ブログを書_かくことができます。 블로그를 쓸 수가 있습니다.
(＝ブログが書けます。)

★ **~ために** ~하기 위하여

예) 就職_{しゅうしょく}するために英語_{えいご}の勉強_{べんきょう}をしています。 취직하기 위하여 영어 공부를 하고 있습니다.

동사의 **ます형**

ます형은 '~합니다' 외에도 '~할 겁니다', '~하겠습니다'의 뜻도 있습니다.

구분	만드는 방법	기본형	→	~ます
1그룹 동사	어미를 い단으로 ＋ます	いく 가다 よむ 읽다	→ →	い**き**ます 갑니다 よ**み**ます 읽습니다
2그룹 동사	어미 る 떼고 ＋ます	みる 보다 たべる 먹다	→ →	**み**ます 봅니다 **たべ**ます 먹습니다
3그룹 동사		する 하다 くる 오다	→ →	します 합니다 きます 옵니다

의문 **~ますか** ~합니까?

부정 **~ません** ~하지 않습니다

과거 **~ました** ~했습니다

과거부정 **~ませんでした** ~하지 않았습니다

권유 **~ましょう** ~합시다 / **~ましょうか** ~할까요? / **~ませんか** ~하지 않겠습니까?

예) 音楽_{おんがく}を聴_ききますか。 음악을 듣습니까?

音楽を聴きません。 음악을 듣지 않습니다.

音楽を聴きました。 음악을 들었습니다.

音楽を聴きませんでした。 음악을 듣지 않았습니다.

いっしょに映画を見ましょう。 같이 영화를 봅시다.

少し休みましょうか。 조금 쉴까요?

コーヒーとか飲みませんか。 커피라든지 마시지 않을래요?

동사의 ます형에 접속하는 표현

★ ～ながら   ～하면서

 音楽を聴きながら勉強します。 음악을 들으면서 공부해요.

★ (…が)～たい   (…을) ～하고 싶다

부정   ～たくない ～하고 싶지 않다

과거   ～たかった ～하고 싶었다

コーヒーが飲みたいです。 커피를 마시고 싶습니다.

テストを受けたくないです。 시험을 보고 싶지 않아요.

会いたかったです。 보고 싶었어요.

동사의 て형

て형은 두 개 이상의 동작을 연결하거나(～하고) 원인이나 이유를 나타낼 때(～해서) 사용합니다. 동사의 어미에 따라 활용 형태가 달라집니다.

구분	만드는 방법	기본형	→	～て
1그룹 동사	-く → いて	かく 쓰다	→	かいて 쓰고, 써서
	-ぐ → いで	およぐ 헤엄치다	→	およいで 헤엄치고, 헤엄쳐서
	-う, -つ, -る → って	あう 만나다	→	あって 만나고, 만나서
		まつ 기다리다	→	まって 기다리고, 기다려서
		わかる 알다	→	わかって 알고, 알아서
	-ぬ, -ぶ, -む → んで	しぬ 죽다	→	しんで 죽고, 죽어서
		あそぶ 놀다	→	あそんで 놀고, 놀아서
		よむ 읽다	→	よんで 읽고, 읽어서
	-す → して	はなす 말하다	→	はなして 말하고, 말해서

2그룹 동사	-る → て	みる 보다 → みて 보고, 봐서
		おきる 일어나다 → おきて 일어나고, 일어나서
		たべる 먹다 → たべて 먹고, 먹어서
		ねる 자다 → ねて 자고, 자서
3그룹 동사		する 하다 → して 하고, 해서
		くる 오다 → きて 오고, 와서

예외 いく(行く) → いって(行って) 가고

동사의 て형과 관련된 표현 (1)

★ ～ている (진행, 반복되는 동작, 현재의 상태)

⑩ ニュースを見ている。 뉴스를 보고 있다.

銀行に勤めています。 은행에 근무하고 있습니다.

今は会っていません。 지금은 만나고 있지 않습니다.

ソウルに住んでいました。 서울에 살고 있었습니다.

동사의 て형과 관련된 표현 (2)

★ ～ておく ～해 두다, ～해 놓다

⑩ デザートを準備しておきました。 디저트를 준비해 놓았습니다.

★ ～てしまう ～해 버리다, ～하고 말다

⑩ スマホをなくしてしまいました。 스마트폰을 잃어버렸습니다.

★ ～てから ～하고 나서, ～한 후에

⑩ まず、自分で考えてから先生に質問します。 우선 스스로 생각하고 나서 선생님께 질문하겠습니다.

★ ～てくる ～하고 오다

⑩ 買い物に行ってくる。 쇼핑하고 오다.

★ ～ていく ～하고 가다

⑩ 勉強を続けていくつもりです。 공부를 계속해 나갈 생각입니다.

동사의 て형과 관련된 표현 (3)

★ 〜てください　〜해 주세요, 〜해 주십시오
예 お名前を書いてください。이름을 써 주세요.

★ 〜てくださいますか　〜해 주시겠습니까?
예 ちょっと待ってくださいますか。잠시 기다려 주시겠습니까?

ちょっと待ってくださいませんか。잠시 기다려 주시지 않겠습니까?

★ 〜てもらえますか　〜해 주실 수 있어요?, 〜해 주실래요?
예 大きい声で読んでもらえますか。큰 목소리로 읽어 주실래요?

★ 〜ていただけますか　〜해 주시겠습니까?
예 ここに書いていただけますか。여기에 써 주시겠습니까?

ここに書いていただけませんか。여기에 써 주시지 않겠습니까?

★ 〜てもいいですか　〜해도 됩니까?, 〜해도 괜찮습니까?
예 A タバコを吸ってもいいですか。담배를 피워도 됩니까?

B ええ、どうぞ。네, 피우세요.

すみません、子どもがいるので。미안해요, 아이가 있어서요.

★ 〜てはいけません　〜해서는 안 됩니다
예 A ここで話してはいけませんか。여기에서 이야기해서는 안 되나요?

B はい、話してはいけません。네, 이야기해선 안 돼요.

いいえ、話してもいいです。아니요, 이야기해도 돼요.

 **동사의 의지형**

~(よ)う 형태인 의지형은 '~하자'라는 뜻으로, 주어의 생각이나 의지를 나타냅니다. '의지형+と思っています(~하려고 생각하고 있습니다)'의 형태로 자주 쓰입니다.

구분	만드는 방법	기본형	→	~(よ)う
1그룹 동사	어미를 お단으로 +う	あう 만나다 かく 쓰다 はなす 말하다 たつ 일어서다 よむ 읽다 のる 타다	→ → → → → →	あ**お**う 만나자 か**こ**う 쓰자 はな**そ**う 말하자 た**と**う 일어서자 よ**も**う 읽자 の**ろ**う 타자
2그룹 동사	어미 る 떼고 +よう	みる 보다 たべる 먹다	→ →	みよう 보자 たべよう 먹자
3그룹 동사		する 하다 くる 오다	→ →	しよう 하자 こよう 오자

예 お互いに今年はかならず就職しよう。 서로 올해는 반드시 취직하자.
日本に行こうと思っています。 일본에 가려고 생각하고 있어요.

 **동사의 가능형**

가능형 앞의 조사는 を가 아닌 が를 쓰는 것에 주의하세요.

구분	만드는 방법	기본형	→	가능형
1그룹 동사	어미를 え단으로 +る	かく 쓰다 およぐ 헤엄치다 はなす 말하다 よむ 읽다 つくる 만들다 のる 타다	→ → → → → →	か**け**る 쓸수 있다 およ**げ**る 헤엄칠수 있다 はな**せ**る 말할수 있다 よ**め**る 읽을수 있다 つく**れ**る 만들수 있다 の**れ**る 탈수 있다
2그룹 동사	어미 る 떼고 +られる	みる 보다 たべる 먹다	→ →	みられる 볼수 있다 たべられる 먹을수 있다
3그룹 동사		する 하다 くる 오다	→ →	できる 할수 있다 こられる 올수 있다

例 カタカナは書けません。 가타카나는 못 써요.

どんなスポーツができますか。 어떤 운동을 할 수 있습니까?

동사의 た형

～たは '～했다'라는 뜻으로, 과거의 동작이나 완료된 행동을 나타냅니다. て형과 만드는 법이 같으며, て 대신에 た만 바꿔 넣으면 됩니다.

구분	만드는 방법	기본형	→	～た
1그룹 동사	-く → いた -ぐ → いだ	かく 쓰다 およぐ 헤엄치다	→ →	かいた 썼다 およいだ 헤엄쳤다
	-う, -つ, -る → った	あう 만나다 まつ 기다리다 わかる 알다	→ → →	あった 만났다 まった 기다렸다 わかった 알았다
	-ぬ, -ぶ, -む → んだ	しぬ 죽다 あそぶ 놀다 よむ 읽다	→ → →	しんだ 죽었다 あそんだ 놀았다 よんだ 읽었다
	-す → した	はなす 말하다	→	はなした 말했다
2그룹 동사	-る → た	みる 보다 おきる 일어나다 たべる 먹다 ねる 자다	→ → → →	みた 보았다 おきた 일어났다 たべた 먹었다 ねた 잤다
3그룹 동사		する 하다 くる 오다	→ →	した 했다 きた 왔다

예외 いく(行く) → いった(行った) 갔다

例 去年、中国に行った。 작년에 중국에 갔다.

동사의 た형에 접속하는 표현

★ ～ことがあります ～한 적이 있습니다 경험 표현

例 アメリカに行ったことがありますか。 미국에 간 적이 있습니까?

★ ～ばかりです (방금) ～했습니다, (지금 막) ～한 참입니다

例 今、食べたばかりです。 지금 막 먹었어요.

🐟 동사의 ない형

부정 표현 '〜하지 않다'는 〜ない 형태입니다.

구분	만드는 방법	기본형	→	〜ない
1그룹 동사	어미를 あ단으로 +ない	**あう** 만나다	→	**あわ**ない 만나지 않다
		かく 쓰다	→	**かか**ない 쓰지 않다
		まつ 기다리다	→	**また**ない 기다리지 않다
		よむ 읽다	→	**よま**ない 읽지 않다
		のる 타다	→	**のら**ない 타지 않다
2그룹 동사	어미 る 떼고 +ない	**みる** 보다	→	**み**ない 보지 않다
		たべる 먹다	→	**たべ**ない 먹지 않다
3그룹 동사		**する** 하다	→	**し**ない 하지 않다
		くる 오다	→	**こ**ない 오지 않다

예외 ある(있다)의 부정형은 ない(없다)

> 예 A 行く？ 갈래?
>
> B ううん、行かない。 아니, 안 갈래.

🎏 동사의 ない형에 접속하는 표현

★ 〜なければならない   〜하지 않으면 안 된다, 〜해야 한다 [의무]

> 예 行かなければならない。 가야 한다.
>
> 勉強しなければなりません。 공부해야만 합니다.

★ 〜ないでください   〜하지 마세요, 〜하지 말아 주세요 [금지]

> 예 見ないでください。 보지 마세요.
>
> 来ないでください。 오지 마세요.

★ 〜ないで   〜하지 마

> 예 来ないで。 오지 마.
>
> 心配しないで。 걱정하지 마.

どうすれば日本語が上手になりますか。

: 어떻게 하면 일본어를 잘하게 됩니까?

일본어를
제대로 잘하고 싶어요

지은 씨라면
잘할 수 있을 거예요

MP3와 강의를
들어보세요!

공부 순서

동영상 강의	MP3 듣기	본책 학습	복습용 동영상
□ □ □	□ □ □	□ □ □	□ □ □

단어장	단어암기 동영상
□ □ □	□ □ □

핵심 문장 익히기

1

どうすればできますか。

어떻게 하면 할 수 있습니까?

동사의 ば형 (만일) ~하면, ~한다면 가정 표현

주로 ば 앞에는 '만일', '만약'과 같은 앞으로의 상황을 가정하는 조건을 제시하고, ば 뒤에는 앞에서 말한 가정의 결과를 씁니다. 또한, ば 뒤에는 주어의 생각이나 의지를 나타내는 표현이 오므로 '(만일 그렇다면 나는) ~할 것이다 / ~하고 싶다 / ~하려고 한다 / ~라고 생각한다'와 같은 문장이 많이 쓰입니다. ば형 만드는 방법을 살펴볼까요?

종류	만드는 방법	기본형	➡ ~ば
동사	1그룹 동사 어미 え단으로 + ば	書く 쓰다 会う 만나다 乗る 타다 飲む 마시다	➡ 書けば 쓰면 ➡ 会えば 만나면 ➡ 乗れば 타면 ➡ 飲めば 마시면
	2그룹 동사 어미 る 떼고 + れば	見る 보다 食べる 먹다	➡ 見れば 보면 ➡ 食べれば 먹으면
	3그룹 동사	する 하다 来る 오다	➡ すれば 하면 ➡ 来れば 오면
い형용사	い 떼고 + ければ	近い 가깝다 ない 없다	➡ 近ければ 가까우면 ➡ なければ 없으면
な형용사	だ 떼고 + ならば	好きだ 좋아하다 上手だ 잘하다	➡ 好きならば 좋아한다면 ➡ 上手ならば 잘한다면
명사	명사 + ならば	先生ならば 선생님이라면 大人ならば 어른이라면	

예 ゆっくり話せば、わかります。
천천히 말하면 압니다.

質問があれば、いつでも聞いてください。
질문이 있으면 언제든지 물어보세요.

近ければ、歩いて行きます。 가까우면 걸어가겠습니다.

왕초보 탈출 tip

な형용사와 명사의 가정형 ならば는 종종 ば를 생략하고 なら 만으로도 쓰입니다.

예 好きなら(ば)勇気を出して話してみて。
좋아하면 용기를 내서 말해 봐.

あしたなら行けます。
내일이면 갈 수 있어요.

단어

ゆっくり 천천히
話(はな)す 이야기하다
わかる 알다, 이해하다
質問(しつもん) 질문
いつでも 언제든지
聞(き)く 묻다, 듣다
近(ちか)い 가깝다
歩(ある)く 걷다
勇気(ゆうき)を出(だ)す 용기를 내다

26

2

日本語が上手になりました。
に ほん ご じょう ず

일본어를 잘하게 됐습니다.

～なります (～이) 됩니다, (～하게) 됩니다

어떤 상황이나 상태의 변화를 나타내는 표현으로, 품사에 따라 연결하는 방법이 다릅니다.

종류	접속 방법	기본형	➡ ～なる
동사	기본형 +ようになる ～하게 되다	歩く 걷다 飲む 마시다 できる 할수있다 食べる 먹다	➡ 歩くようになる 걷게 되다 ➡ 飲むようになる 마시게 되다 ➡ できるようになる 할수 있게 되다 ➡ 食べるようになる 먹게 되다
い형용사	어미 い 떼고 +くなる ～해지다, ～하게 되다	暑い 덥다 寒い 춥다	➡ 暑くなる 더워지다 ➡ 寒くなる 추워지다
な형용사	어미 だ 떼고 +になる ～해지다, ～하게 되다	便利だ 편리하다 元気だ 건강하다	➡ 便利になる 편리해지다 ➡ 元気になる 건강해지다
명사	명사+になる ～이 되다	こおり 얼음 先生 선생님	➡ こおりになる 얼음이 되다 ➡ 先生になる 선생님이 되다

例 日本に来てから、さしみを食べるようになった。
に ほん き た

일본에 오고 나서 회를 먹게 되었다.

子どもがどんどん大きくなりました。
こ おお

아이가 점점 커졌습니다.

この町はとてもにぎやかになった。
まち

이 동네는 아주 변화해졌다.

姉は来年、大学生になります。
あね らいねん だいがくせい

언니는 내년에 대학생이 됩니다.

～ことになる
～하게 되다

어떤 일이 정해져서 하게 됐을 경우에는 ～ことになる(～하게 되다)를 사용합니다. 남에 의해서 정해진 것, 스스로 정한 것 모두 쓸 수 있습니다.

例 来週、出張に行くことに
らいしゅう しゅっちょう い
なりました。

다음 주에 출장을 가게 되었습니다.

단어

上手(じょうず)**だ** 잘하다

なる 되다

～てから ～하고나서, ～하고부터

さしみ 회

どんどん 점점

大(おお)**きい** 크다

町(まち) 마을, 동네

にぎやかだ 번화하다

姉(あね) 언니, 누나

来年(らいねん) 내년

大学生(だいがくせい) 대학생

□□□ 듣고 말하기 **MP3 01-03**

3

勉強すればするほど難しいです。
べんきょう　　　　　　　　　　むずか

공부하면 할수록 어렵습니다.

～ば …ほど　～하면 …할수록

어떤 한 가지 동작이나 행동을 계속해서 꾸준히 지속하는 경우에 쓰는 표현으로, 하나의 숙어처럼 쓰입니다. ほど 앞에 동사와 い형용사가 올 때는 기본형을 쓰고, な형용사가 올 때는 ～なほど의 형태가 됩니다.

예 **字は書けば書くほどうまくなる。**
　　じ　か　　か

글씨는 쓰면 쓸수록 좋아진다(잘 쓰게 된다).

お酒は飲めば飲むほど酔います。
　さけ　の　　の　　よ

술은 마시면 마실수록 취합니다.

コンビニは、家から近ければ近いほど便利です。
　　　　　　いえ　ちか　　　ちか　　べんり

편의점은 집에서 가까우면 가까울수록 편리합니다.

簡単ならば簡単なほど、いいです。
かんたん　　かんたん

간단하면 간단할수록 좋아요.

단어

勉強(べんきょう) 공부
～ほど ～정도, ～(할)수록
難(むずか)**しい** 어렵다
字(じ) 글자, 글씨
書(か)**く** 쓰다
うまい 잘하다, 맛있다
お酒(さけ) 술
飲(の)**む** 마시다
酔(よ)**う** (술에) 취하다
コンビニ 편의점
便利(べんり)**だ** 편리하다
ゲーム 게임
おもしろい 재미있다

확인 문제

❶ **このゲームはすればする _____ おもしろい。** 이 게임은 하면 할수록 재미있다.

❷ **字は _____ 書くほど上手になる。** 글씨는 쓰면 쓸수록 잘하게 된다.
　じ　　　　　　　　　か　　　　じょうず

정답

① ほど　② 書けば
　　　　　　　か

28

4

卒業した後、何をしたいですか。
そつぎょう　　　あと　　　なに

졸업한 후에 무엇을 하고 싶나요?

동사의 た형 + 後 ~한 후에, ~한 다음에
　　　　　　　あと

어떤 동작이나 행동을 다 끝낸 상황을 나타내는 표현입니다. 앞에는 동사의 た형이 와서
~た後(で)는(~한 다음에는, 나중에는)나 ~た後(に)는(~한 후에는)로도 쓰입니다.

➡ **동사의 た형** 23쪽 참고

예 家に帰った後、財布がないことに気づいた。
　　いえ　かえ　あと　さいふ　　　　　　き

집에 간 다음에 지갑이 없는 걸 알았다.

薬を飲んだ後に、お酒を飲んではいけません。
くすり　の　あと　　さけ　の

약을 먹은 후에 술을 마셔서는 안 됩니다.

ケーキは、お父さんが帰ってきた後で食べましょうね。
　　　　　　とう　　　　かえ　　　あと　た

케이크는 아빠가 돌아오신 다음에 먹읍시다.

映画を見た後で、映画のタイトルの意味がわかりました。
えいが　み　あと　　えいが　　　　　いみ

영화를 보고 난 다음에 영화 제목의 의미를 알았습니다.

동사의 ます형 + たい ~하고 싶다

동사의 ます형에 たい를 붙이면 '~하고 싶다'라는 뜻입니다. '~하고 싶지 않다'는 ~た
くない, '~하고 싶었다'는 ~たかった가 됩니다.

예 コーヒーが飲みたいです。 커피를 마시고 싶습니다.
　　　　　　の

テストを受けたくないです。 시험을 보고 싶지 않아요.
　　　　う

前から見たかった映画です。 전부터 보고 싶었던 영화예요.
まえ　み　　　えいが

 확인문제

❶ 勉強をした ＿＿＿＿＿＿ 寝た。 공부를 한 다음에 잤다.
　べんきょう　　　　　　　　ね

❷ 仕事が ＿＿＿＿＿＿ 後で、食事に行く。 일이 끝난 다음에 식사하러 간다.
　しごと　　　　　　　あと　しょくじ　い

~てから ~하고 나서

~た後では ~てから(~하고 나
세)로 바꿔 쓸 수 있습니다.

예 友達と映画を見てから、
　ともだち　えいが　み
　食事に行きました。
　しょくじ　い

친구와 영화를 보고 나서 식사하러
갔습니다.

단어

卒業(そつぎょう) 졸업

財布(さいふ) 지갑

気(き)**づく** 깨닫다, 알아차리다

薬(くすり)**を飲**(の)**む** 약을 먹다

~てはいけない ~해서는 안 된다

ケーキ 케이크

帰(かえ)**ってくる** 돌아오다

映画(えいが) 영화

タイトル 타이틀, 제목

意味(いみ) 의미

テストを受(う)**ける** 시험을 보다

前(まえ)**から** 전부터

食事(しょくじ) 식사

仕事(しごと) 일, 업무

終(お)**わる** 끝나다, 마치다

정답

① 後で 또는 後、
　　あと　　　あと

② 終わった
　　お

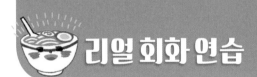

리얼 회화 연습

1

ゆっくり話（はな）せばわかります。

천천히 말하면 압니다.

(1) 밤에 일찍 자면 아침 일찍 일어날 수 있어요.

夜早（よるはや）く 寝る　　　　　　　　　、朝早（あさはや）く起（お）きられます。

(2) 만드는 방법을 알면 스스로 만들게요.

作（つく）り方（かた）が わかる　　　　　　　、自分（じぶん）で作（つく）ります。

(3) 오늘 짐을 보내면 내일 도착해요.

きょう荷物（にもつ）を 送る　　　　　　　　、あした着（つ）きます。

(4) 가격이 싸면 살 거예요.

値段（ねだん）が 安い　　　　　　　　　買（か）います。

2

日本語（にほんご）が上手（じょうず）になりました。 일본어를 잘하게 되었습니다.

日本語（にほんご）がおもしろくなりました。 일본어가 재미있어졌습니다.

(1) 점점 따뜻해졌어요.

だんだん 暖かい　　　　　　　なりました。

(2) 형은 올해 18살이 되었어요.

兄（あに）は今年（ことし） 18歳　　　　　　　なりました。

(3) 요즘 이 마을은 사람이 많아졌어요.

最近（さいきん）、この町（まち）は人（ひと）が 多い　　　　　　　なりました。

(4) 방을 청소해서 아주 깨끗해졌습니다.

部屋（へや）を掃除（そうじ）して、とても きれいだ　　　　　　　なりました。

3

勉強_{べんきょう}すればするほど難_{むずか}しいです。

공부하면 할수록 어렵습니다.

(1) 만나면 만날수록 그가 좋아진다.

　　会う　　　　　　　　ば　　　　　　　ほど彼_{かれ}のことが好_すきになる。

(2) 이 책은 읽으면 읽을수록 재미있어요.

　　この本_{ほん}は 読む　　　　　　　ば　　　　　　ほどおもしろいです。

(3) 생각하면 할수록 모르겠어.

　　考える　　　　　ば　　　　ほどわからない。

(4) 먹으면 먹을수록 살이 쪄요.

　　食べる　　　　　ば　　　　ほど太_{ふと}っていきます。

4

卒業_{そつぎょう}した後_{あと}、日本_{にほん}で就職_{しゅうしょく}したいです。

졸업한 후에 일본에서 취직하고 싶어요.

(1) 시험이 끝난 후에 푹 쉬고 싶어요.

　　試験_{しけん}が 終わる　　　　　　　　後_{あと}、ゆっくりしたいです。

(2) 식사를 한 다음에 반드시 이를 닦습니다.

　　食事_{しょくじ}を する　　　　　　　後_{あと}、必_{かなら}ず歯_はを磨_{みが}きます。

(3) 집에 돌아간 다음에 전화할게요.

　　家_{いえ}に 帰る　　　　　　　後_{あと}、電話_{でんわ}します。

(4) 목욕을 한 다음에 바로 잤어요.

　　お風呂_{ふろ}に 入る　　　　　　　後_{あと}、すぐ寝_ねました。

☑️□□ 듣기 MP3 01-13　□□□ 회화 훈련 MP3 01-14

先生、日本語は勉強すればするほど難しいです。
선생님　일본어는　　　공부하다　　　～하면　～할수록 어렵습니다

どうすれば日本語が上手になりますか。
어떻게　하면　　일본어가　　　잘하다　～하게 됩니까?

何がいちばん難しいですか。
무엇이　가장　　　　어렵습니까?

私は漢字が苦手で❶……。
저는　　한자가　　힘들다　～고, ~어서

絵で覚える漢字の本なんかもありますよ。
그림으로 외우다　　한자의　책　～따위도　　　있습니다

もっと❷楽しく勉強できるように、工夫してみてください。
더욱　　즐겁게　공부　할수있다　～하도록　　궁리하다　～해 보다 ~해 주세요

はい、わかりました。
네　　　알겠습니다

キムさんは卒業した後、韓国に帰るんですか。
김 씨는　　　　　졸업했다　　후, 다음　한국　～에 돌아가다 ~(는) 겁니까?

いえ、できれば日本で就職したいんです。
아뇨　　가능하면　일본에서　취직하고 싶다　～거든요, ~어(서)요

キムさんなら❸、きっとできますよ。
김 씨　～(이)라면　　꼭, 반드시　할 수 있습니다

<hr>

단어 뜻을 적어 보세요

～ほど _____	いちばん 가장, 제일	難(むずか)しい _____	漢字(かんじ) 한자
苦手(にがて)だ 서투르다, 힘들다	絵(え) 그림	覚(おぼ)える 외우다, 익히다	～なんか ～등, ～따위
もっと 더욱	～ように ～하도록	工夫(くふう) 여러 가지 궁리함	わかる 알다, 이해하다
卒業(そつぎょう) _____	できれば 가능하면, 될 수 있으면	就職(しゅうしょく) 취직	きっと 꼭, 반드시

지은	선생님, 일본어는 공부하면 할수록 어려워요. 어떻게 하면 일본어를 잘하게 되나요?
선생님	뭐가 가장 어려워요?
지은	저는 한자를 잘 못해서요.
선생님	그림으로 외우는 한자 책 같은 것도 있어요. 더 재미있게 공부할 수 있도록 고민해 보세요.
지은	네, 알겠습니다.
선생님	지은 씨는 졸업한 후에 한국에 돌아갈 거예요?
지은	아뇨, 가능하다면 일본에서 취직하고 싶어요.
선생님	지은 씨라면 꼭 할 수 있을 거예요.

---

❶ ～が 苦手だ

～을 잘 못하고 자신이 없다, 서투르다, 다루기 어렵고 왠지 싫다

上手だ(잘하다), 下手だ(못하다), 苦手だ(서투르다)와 같은 형용사는 앞에 ～が를 써서 '～을'의 대상어를 나타냅니다.
그리고 苦手だ는 '잘하지 못하다', '서툴다'라는 뜻 외에도 '다루기 어렵고 왠지 싫다', '대하기 어색하다'라는 뜻으로도 쓰입니다. 비슷한 맥락으로 野菜は苦手だ는 '야채는 싫어한다 / 잘 못 먹는다 / 맛이 없다'는 식으로 해석하기도 하지요.

예 サトミは英語が上手です。사토미는 영어를 잘합니다.
　　あの人は苦手です。저 사람은 대하기가 어색해요.

❷ もっと　더, 더욱

사물의 정도나 상태가 더욱 더 강해지는 모습, 즉 '더', '더욱', '좀 더', '한층'의 뜻입니다. もっと와 비슷한 뜻으로 更に, なお, いっそう와 같은 단어가 있습니다.

예 もっと食べたい。더 먹고 싶다.

❸ ～なら(ば)　～라면

명사나 な형용사 뒤에 なら(ば)가 붙어서 '～라면', '～이면', '～으로 말할 것 같으면'이라는 가정, 조건의 뜻이 됩니다.

예 コピーなら、簡単にできる。복사라면 간단하게 할 수 있다.

1 다음을 잘 듣고, 밑줄 친 곳에 들어갈 말을 적어 보세요.

1 どうすれば日本語が＿＿＿＿＿なりますか。

① きれいに   ② おもしろく   ③ 上手に   ④ 下手に

2 私は漢字が＿＿＿＿＿です。

① きれい   ② 苦手   ③ いい   ④ いちばん

3 これから＿＿＿＿＿頑張ってください。

① どうも   ② どうぞ   ③ もっと   ④ もう

2 일본어로 쓰고, 소리 내어 말해 보세요.

1 가격이 싸면 살게요. ＿＿＿＿＿＿＿＿＿＿＿＿＿＿＿＿＿＿

　　힌트 値段(ねだん) 가격   安(やす)い 싸다   買(か)う 사다

2 쓰면 쓸수록 잘하게 됩니다. ＿＿＿＿＿＿＿＿＿＿＿＿＿＿＿＿＿＿

　　힌트 書(か)く 쓰다   上手(じょうず)になる 잘하게 되다

3 졸업한 다음에 취직하고 싶어요. ＿＿＿＿＿＿＿＿＿＿＿＿＿＿＿＿＿＿

　　힌트 卒業(そつぎょう) 졸업   ～後(あと) ～ 다음에   就職(しゅうしょく) 취직

3 ★에 들어갈 알맞은 말을 고르세요.

1 この＿＿＿＿＿ ＿＿＿＿＿ ＿★＿＿ ＿＿＿＿＿。

① なった   ② にぎやかに   ③ とても   ④ 町は

2 キムさんは＿＿＿＿＿ ＿★＿＿、 ＿＿＿＿＿ ＿＿＿＿＿ですか。

① 何を   ② 卒業した   ③ したい   ④ 後

3 日本語は勉強＿＿＿＿＿ ＿＿＿＿＿ ＿★＿＿ ＿＿＿＿＿です。

① ほど   ② すれば   ③ おもしろい   ④ する

➡ 정답 168쪽

時代に遅れないように頑張っています。

: 시대에 뒤쳐지지 않도록 노력하고 있어요.

매일 야근해서
피곤해요

너무 무리하지
마세요

MP3와 강의를
들어보세요!

공부 순서

동영상 강의 ▶ MP3 듣기 ▶ 본책 학습 ▶ 복습용 동영상

☐☐☐   ☐☐☐   ☐☐☐   ☐☐☐

단어장   단어암기 동영상

☐☐☐   ☐☐☐

1

☑□□ 듣고 말하기 MP3 02-01

だいぶ慣(な)れてきました。

꽤 익숙해졌어요.

～てくる ～해 오다, ～해지다, 계속 ～하다

그 동작이나 작용이 계속되어 현재에까지 이르는 것을 나타내는 표현입니다.

➔ **동사의 て형** 19쪽 참고

예 部長(ぶちょう)はそろそろ戻(もど)ってくると思(おも)います。

부장님은 곧 (외근 등에서) 돌아오실 것 같아요.

２０年間(にじゅうねんかん)、彼(かれ)と親(した)しく付(つ)き合(あ)ってきた。

20년간 그와 친하게 사귀어 왔다.

だいぶ暖(あたた)かくなってきました。春(はる)ですね。

꽤 따뜻해졌어요. 봄이군요.

～ていく ～해 가다
～てくる ～해 오다

움직임을 나타내는 동사 단독으로는 방향성이 없어서 ～てくる나 ～ていく의 형태로 방향성을 나타냅니다.

예 歩(ある)いていく 걸어가다
通(とお)っていく 지나가다
走(はし)ってくる 달려오다
飛(と)んでくる 날아오다

단어

だいぶ 상당히, 꽤

慣(な)れる 익숙해지다

そろそろ 이제 슬슬, 곧

戻(もど)る 되돌아오다

～年間(ねんかん) ～년간

～と ～와

親(した)しい 친하다

付(つ)き合(あ)う 사귀다, 교제하다

暖(あたた)かい 따뜻하다

春(はる) 봄

歩(ある)く 걷다

通(とお)る 지나다, 통과하다

走(はし)る 달리다

飛(と)ぶ 날다

見(み)える 보이다

 확인문제

❶ だいぶ慣(な)れて _____。 꽤 익숙해졌습니다.

❷ _____ てくるのが見(み)えます。 달려오는 게 보입니다.

정답

① きました ② 走(はし)っ

36

2

お酒は飲みすぎないようにしてください。
さけ　の

술은 과음하지 않도록 하세요.

동사의 **ます형+すぎる** 너무 ~하다, 지나치게 ~하다

동사의 ます형에 すぎる를 붙이면 '너무 ~하다', '지나치게 ~하다'라는 뜻이 됩니다. 과식하다, 과로하다 등 어떠한 행동이나 작용이 지나칠 때 쓰는 표현이죠. 부정형 '너무 ~하지 않다'는 ~すぎない를 붙이면 됩니다.

⊙ **동사의 ます형** 18쪽 참고

예 **食べすぎて、おなかがいっぱいです。**
　た

과식해서 배가 잔뜩 부릅니다.

テレビを見すぎて、目が痛いです。
　　　　み　　　め　いた

TV를 너무 많이 봐서 눈이 아파요.

仕事で考えすぎて、頭が痛いです。
しごと　かんが　　　あたま　いた

일 때문에 생각을 너무 많이 해서 머리가 아파요.

~ようにしてください ~하도록 해 주세요

의뢰, 권유하거나 가볍게 지시하는 표현입니다. 금지하거나 뭔가를 하지 않도록 부탁할 때는 동사의 ない형 뒤에 ようにしてください를 붙이면 됩니다.

예 **英語を習う時は、積極的に話すようにしてください。**
　えいご　なら　とき　せっきょくてき　はな

영어를 배울 때는 적극적으로 말하도록 하세요.

遅刻しないようにしてください。 지각하지 않도록 하세요.
ちこく

⊙ **~てください** 21쪽 참고

확인문제

❶ **食べ_____てしまいました。** 과식해 버렸어요.
　た

❷ **酒を_____すぎた。** 술을 과음했다.
　さけ

~すぎる 접속 방법

ない(없다)에 すぎる를 붙이면 なさすぎる(너무 없다)가 됩니다.

동사	ます형	
い형용사	어간	+すぎる
な형용사		

예 **ちょっと甘すぎます。**
　　　　　あま

좀 너무 달아요.

あの人はユーモアがなさすぎる。 그 사람은 유머가 너무 없다.
　　ひと

親切すぎる人には気をつけましょう。 과하게 친절한 사람한테는 주의합시다.
しんせつ　ひと　き

단어

おなか 배
いっぱい 가득
目(め) 눈
痛(いた)い 아프다
考(かんが)える 생각하다
頭(あたま) 머리
習(なら)う 배우다
積極的(せっきょくてき) 적극적
遅刻(ちこく) 지각
甘(あま)い 달다
ユーモア 유머
気(き)をつける 주의하다

정답

① すぎ ② 飲み
　　　　　　の

□□□ 듣고 말하기 **MP3** 02-03

3

どこも同^{おな}じでしょう。

어디든 같을 거예요.

～でしょう ～일 겁니다, ～(하)겠습니다, ～(하)겠지요

～だろう(～일 것이다. ～할 것이다)의 정중한 표현인 ～でしょう는 미래의 일에 대한 상상이나, 과거 또는 현재의 일에 대한 불확실한 판단, 추측을 나타냅니다. 일기예보에도 자주 나오는 표현이죠. 다분(아마), おそらく(필시), きっと(분명히) 등의 부사와 함께 자주 쓰입니다. 앞에 い형용사가 올 때는 기본형, な형용사가 올 때는 어간에 연결하며, 동사는 기본형에 연결됩니다.

～だろう ～일 것이다

'～일 것이다', '～할 것이다'라는 뜻의 추량 표현입니다.

(예) もうすぐ雨^{あめ}は止^やむだろう。
이제 곧 비는 그칠 거야.

㉠ あしたもきっといい天気^{てんき}でしょう。
  내일도 분명히 날씨가 좋을 겁니다.

  たぶん夜^{よる}は静^{しず}かでしょう。
  아마 밤에는 조용하겠지요.

  田舎^{いなか}もずいぶん変^かわったでしょう。
  시골도 많이 변했겠지요.

  この服^{ふく}にはこの靴^{くつ}をはいた方^{ほう}がいいでしょう。
  이 옷에는 이 신발을 신는 게 좋을 겁니다.

～だろう와 ～でしょう는 상대방의 의향을 묻거나 동의를 구할 때도 쓸 수 있습니다. 이때는 억양을 올려서 발음하는 것에 주의하세요.

㉠ 君^{きみ}、見^みただろう。(↗) 너도 봤잖아. 〈남성어〉

  この箱^{はこ}、使^{つか}えないでしょう。(↗) 이 상자, 못 쓰겠죠?

단어

どこも 어디도, 어디든
同^{おな}じだ 같다, 마찬가지다
きっと 분명, 반드시
天気^{てんき} 날씨
たぶん 아마
夜^{よる} 밤
静^{しず}かだ 조용하다
田舎^{いなか} 시골
ずいぶん 꽤, 상당히
変^かわる 바뀌다, 변하다
服^{ふく} 옷
靴^{くつ}をはく 신발을 신다
箱^{はこ} 상자
使^{つか}える 사용할 수 있다
  ➔ 동사의 가능형 22쪽 참고
もうすぐ 이제 곧
雨^{あめ}が止^やむ 비가 그치다

확인 문제

❶ 村^{むら}もずいぶん変^かわった_____。 마을도 많이 변했겠지요.

❷ どこも_____でしょう。 어디든 같을 거예요.

정답

① でしょう ② 同^{おな}じ

4

うちの会社<ruby>会社<rt>かいしゃ</rt></ruby>だけじゃなくて、ほかの会社<ruby>会社<rt>かいしゃ</rt></ruby>も同<ruby>同<rt>おな</rt></ruby>じです。

우리 회사뿐만 아니라 다른 회사도 마찬가지예요.

～だけ ～만큼, ～밖에, ～뿐

～だけ는 정도나 범위의 한계를 나타냅니다. ～だけ가 な형용사에 연결될 때는 好きな だけ(좋아하는 만큼)처럼 ～なだけ의 형태가 된다는 것에 주의하세요.

⊙ だけ, しか, ばかり의 구분 162쪽 참고

예 **人生<ruby>人生<rt>じんせい</rt></ruby>は一度<ruby>一度<rt>いちど</rt></ruby>だけ。** 인생은 한 번뿐.

前髪<ruby>前髪<rt>まえがみ</rt></ruby>を少<ruby>少<rt>すこ</rt></ruby>しだけ切<ruby>切<rt>き</rt></ruby>ってください。 앞머리를 조금만 잘라 주세요.

あしたはできるだけ早<ruby>早<rt>はや</rt></ruby>く来<ruby>来<rt>き</rt></ruby>てください。
내일은 가능한 한 빨리 와 주세요.

ここにあるお菓子<ruby>菓子<rt>かし</rt></ruby>、好<ruby>好<rt>す</rt></ruby>きなだけどうぞ。
여기에 있는 과자, 원하는 만큼 드세요.

～だけじゃなく(て) ～뿐만 아니라

～だけだ(～뿐이다, ～만이다)를 '～뿐만이 아니다'라는 부정형으로 만들 때는 ～ではない 를 연결하여 ～だけではない가 됩니다. 회화에서는 ～だけじゃない로 축약되어 쓰이 죠. 문장 중간에서 '～뿐만 아니라'라고 할 때는 ～だけじゃなくて라고 하면 됩니다.

예 **新聞<ruby>新聞<rt>しんぶん</rt></ruby>だけじゃなく(て)週刊誌<ruby>週刊誌<rt>しゅうかんし</rt></ruby>にも出<ruby>出<rt>で</rt></ruby>ていた。**
신문뿐만 아니라 주간지에도 나왔다.

図書館<ruby>図書館<rt>としょかん</rt></ruby>は平日<ruby>平日<rt>へいじつ</rt></ruby>だけではなくて、週末<ruby>週末<rt>しゅうまつ</rt></ruby>も開<ruby>開<rt>あ</rt></ruby>いています。
도서관은 평일뿐만 아니라 주말에도 열려 있습니다.

 확인문제

❶ **人生<ruby>人生<rt>じんせい</rt></ruby>は一度<ruby>一度<rt>いちど</rt></ruby> _____。** 인생은 한 번뿐.

❷ **新聞<ruby>新聞<rt>しんぶん</rt></ruby>____じゃなくて週刊誌<ruby>週刊誌<rt>しゅうかんし</rt></ruby>にも出<ruby>出<rt>で</rt></ruby>ていた。** 신문뿐만 아니라 주간지에도 나왔다.

단어

ほかの 다른
人生(じんせい) 인생
一度(いちど) 한 번
前髪(まえがみ) 앞머리
少(すこ)**し** 조금, 약간
切(き)**る** 자르다
できるだけ 가능한 한
早(はや)**く** 일찍, 빨리
お菓子(かし) 과자
新聞(しんぶん) 신문
週刊誌(しゅうかんし) 주간지
出(で)**る** 나오다
図書館(としょかん) 도서관
平日(へいじつ) 평일
週末(しゅうまつ) 주말
開(あ)**く** 열리다

정답

① だけ ② だけ

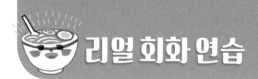

리얼 회화 연습

☑□□ 듣기 **MP3** 02-05　　□□□ 회화 훈련 **MP3** 02-06

1

だいぶ慣れてきました。
な

꽤 익숙해졌어요.

(1) 노인 인구가 늘어났습니다.

老人の人口が ろうじん じんこう　増える　　　　　　　　きました。

(2) 아들은 중학생이 되고서 많이 변했어요.

息子は中学生になって、だいぶ むすこ ちゅうがくせい　変わる　　　　　　　きました。

(3) 배가 고파졌어요.

お腹が なか　すく　　　　　　　　　　きました。

(4) (날씨가) 꽤 선선해졌습니다.

ずいぶん 涼しくなる　　　　　　　　きました。

□□□ 듣기 **MP3** 02-07　　□□□ 회화 훈련 **MP3** 02-08

2

お酒は飲みすぎないようにしてください。
さけ　の

술은 과음하지 않도록 하세요.

(1) 과로하지 않도록 하세요.

働く　　　　　　　　　　　ようにしてください。

(2) 너무 무리하진 말고.

あまり 無理する　　　　　　　ようにね。

(3) 생각을 많이 하지 마세요.

考える　　　　　　　　　ようにしてください。

(4) 너무 과식하지 않도록 하세요.

あまり 食べる　　　　　　　ようにしてください。

3

それはどこも同_{おな}じでしょう。

그건 어디든 같을 거예요.

(1) 온천은 기분 좋을 거예요.

温泉_{おんせん}は気持_{き も}ち いい　　　　　　　　でしょう。

(2) 공원은 조용할 거예요.

公園_{こうえん}は 静かだ　　　　　　でしょう。

(3) 역 앞은 재개발로 바뀌었죠.

駅前_{えきまえ}は再開発_{さいかいはつ}で 変わる　　　　　　でしょう。

(4) 그녀는 아마 결혼하지 않겠죠.

彼女_{かのじょ}はたぶん 結婚する　　　　　　でしょう。

4

うちの会社_{かいしゃ}だけじゃなくて、ほかの会社_{かいしゃ}も同_{おな}じです。

우리 회사뿐만 아니라 다른 회사도 똑같습니다.

(1) 히라가나뿐만 아니라 가타카나도 쓸 수 있어요.

ひらがな　　　　　　だけじゃなくて、カタカナも書_かけます。

(2) 그는 영어뿐만 아니라 중국어도 할 수 있어요.

彼_{かれ}は 英語　　　　　だけじゃなくて、中国語_{ちゅうごく ご}もできます。

(3) 아내는 생각만 하고 있는 게 아니라 행동합니다.

妻_{つま}は 考える　　　　　だけじゃなくて、行動_{こうどう}します。

(4) 도쿄뿐만 아니라 오키나와랑 홋카이도도 간 적이 있어요.

東京　　　　　だけじゃなくて、沖縄_{おきなわ}や北海道_{ほっかいどう}も行_いったことがあります。

キムさん、もう仕事に慣れましたか。
김 씨　이제　일, 업무　~에 익숙해졌습니까?

はい、だいぶ慣れてきました。
네　꽤　익숙해지다 ~해졌습니다

それはよかった。でも、頑張りすぎないようにね。
그것은　잘됐다　하지만　노력하다　지나치게 ~하지 않다 ~하도록

はい。岡村さんはいかがですか。
네　오카무라 씨는　어떠십니까?(どうですか의 공손한 표현)

時代の流れに遅れないように、新しい情報を集めるの❶に
시대의　흐름에　늦지 않다　~하도록　새로운　정보를　모으다　~하는 것에

苦労❷してます。毎日残業でくたくた❸ですよ。
고생　하고 있습니다　매일　야근으로　녹초가 돼요

大変ですね。
힘들겠네요, 큰일이네요

今は不景気だから、うちの会社だけじゃなくて、
지금은　불경기　~이니까　우리의　회사　뿐만　아니라

どこも同じでしょう。
어디도　같다　~겠지요

でも、働きすぎないようにしてくださいね。
하지만　일하다　지나치게 ~하지 않다 ~하도록　해　주세요

ありがとう。キムさんも無理しないようにね。
고마워요　김 씨도　무리하지 않다　~하도록

단어 뜻을 적어 보세요

慣(な)れる _____	だいぶ _____	頑張(がんば)る 열심히 하다	時代(じだい) 시대
流(なが)れ 흐름	遅(おく)れる 늦다, 뒤떨어지다	情報(じょうほう) 정보	集(あつ)める 모으다
苦労(くろう) 고생, 힘듦	残業(ざんぎょう) 야근, 잔업	くたくた 녹초가 됨	大変(たいへん)だ 큰일이다, 힘들다
不景気(ふけいき) 불경기	働(はたら)き過(す)ぎる _____	無理(むり)する 무리하다	

오카무라	지은 씨, 이제 하는 일에 익숙해졌나요?
지은	네, 꽤 익숙해졌어요.
오카무라	그거 잘됐네요. 그래도 지나치게 열심히 하지는 않도록 해요.
지은	네. 오카무라 씨는 어떠세요?
오카무라	시대의 흐름에 뒤쳐지지 않도록 새로운 정보를 모으느라 힘들어요. 매일 야근해서 지쳤어요.
지은	힘드시겠네요.
오카무라	지금은 불경기라서 우리 회사뿐만 아니라 어디든 마찬가지일 거예요.
지은	그래도 과로하지 않도록 하세요.
오카무라	고마워요. 지은 씨도 무리하지 않도록 해요.

point

❶ 동사+の ~하는 것

구체적인 행위나 동작을 명사화할 때 동사 뒤에 の를 붙입니다.

예 書くの 쓰는 것
　　見るの 보는 것
　　集めるの 모으는 것

❷ 苦労 노고, 고생, 애씀

'고생'이나 '애씀', '노고'를 뜻하는 苦労는 뒤에 様를 붙여서 인사말로 쓰이기도 합니다. 손윗사람에게 쓰면 실례가 되므로 주의하세요.

예 ご苦労様でした。 수고하셨습니다. (윗사람이 아랫사람에게)
　　お疲れ様でした。 수고하셨습니다. (주로 직장 동료나 상사에게)

❸ くたくた 기진맥진, 지침, 녹초가 됨

くたくた는 너무 피곤해서 녹초가 된 모양을 나타냅니다.

예 くたくたに疲れてます。 너무 지쳐서 피곤해요.
　　もうくたくただ。 이제 지쳤다.

🎧 듣고 말하기 🎧 **MP3** 02-15

1 다음을 잘 듣고, 밑줄 친 곳에 들어갈 말을 적어 보세요.

1 仕事に＿＿＿＿＿慣れてきました。

① だいぶ   ② ぜんぜん   ③ きっと   ④ 下手に

2 毎日残業で＿＿＿＿＿です。

① いい   ② くたくた   ③ たのしい   ④ うれしい

3 キムさんも＿＿＿＿＿しないようにしてください。

① 大変   ② 不景気   ③ 同じ   ④ 無理

📝 쓰고 말하기

2 일본어로 쓰고, 소리 내어 말해 보세요.

1 내일은 날씨가 좋겠지요.   ＿＿＿＿＿＿＿＿＿＿＿＿＿＿＿

힌트 **あした** 내일   **いい天気(てんき)** 좋은 날씨   **〜でしょう** 〜겠지요

2 어제 과음해서 머리가 아파요.   ＿＿＿＿＿＿＿＿＿＿＿＿＿＿＿

힌트 **お酒(さけ)** 술   **飲(の)みすぎる** 많이 마시다   **頭(あたま)** 머리   **痛(いた)い** 아프다

3 지각하지 않도록 하세요.   ＿＿＿＿＿＿＿＿＿＿＿＿＿＿＿

힌트 **遅刻(ちこく)する** 지각하다   **〜ようにしてください** 〜하도록 해 주세요

📖 시험 대비 문법

3 ★에 들어갈 알맞은 말을 고르세요.

1 それは＿＿＿＿。＿＿＿＿、＿★＿＿＿＿＿ね。

① でも   ② よかった   ③ ように   ④ 頑張りすぎない

2 ＿＿＿＿＿＿＿＿＿＿＿＿＿★＿＿＿＿＿してます。

① 情報を   ② 苦労   ③ 集めるのに   ④ 新しい

3 うちの会社＿＿★＿＿＿＿＿＿、＿＿＿＿＿＿＿＿＿＿でしょう。

① 同じ   ② なくて   ③ どこも   ④ だけじゃ

➡ 정답 168쪽

天気予報によると、 大雨だそうです。

: 일기예보에 따르면 비가 많이 내린다고 합니다.

내일 날씨 맑으려나

비가 많이 내린대요

공부 순서

MP3와 강의를 들어보세요!

동영상 강의   MP3 듣기   본책 학습   복습용 동영상

☐ ☐ ☐   ☐ ☐ ☐   ☐ ☐ ☐   ☐ ☐ ☐

단어장   단어암기 동영상

☐ ☐ ☐   ☐ ☐ ☐

핵심 문장 익히기

1

天気予報によると
てん き よ ほう

일기예보에 따르면

동사의 기본형 + **と** ~(하)면 가정표현

자연 현상이나 진리, 습관, 일반적 사실 등을 나타내는 가정 표현입니다. 'A이면 반드시 B이다'의 의미로, 불확실하거나 확정되지 않은 일에는 쓸 수 없습니다. 따라서 뒤에는 의지, 희망, 명령, 권유를 나타내는 표현은 올 수가 없답니다.

(1) 불변의 진리, 자연 현상

예 **春**になると、**花**が**咲**きます。 봄이 되면 (당연히) 꽃이 핍니다.
はる　　　　　はな　さ

(2) 일반적 사실, 습관

기계 조작 등 항상 반복적으로 일어나는 일에 대한 객관적인 서술 표현이 됩니다.

예 **お金**を**入**れると、**切符**が**出**ます。 돈을 넣으면 (언제나) 표가 나옵니다.
かね　い　　　　　きっ ぷ　で

(3) 발견

예 **箱**を**開**けると、プレゼントが**入**っていました。
はこ　あ　　　　　　　　　　はい

　　상자를 열었더니 선물이 들어 있었습니다.

⊙ **가정 표현** 156쪽 참고

~**によると** ~에 따르면, ~에 의하면

~によると는 말하는 사람이 듣거나 읽거나 해서 얻은 정보를 전달할 때 쓰는 표현으로, に 앞에는 정보의 출처가 나옵니다. 비슷한 표현으로 ~によれば(~에 의하면), ~では(~에서는)가 있습니다.

예 テレビの**天気予報**によると 텔레비전의 일기예보에 의하면
　　　　　てん き よ ほう

　おじいさんの**話**によると 할아버지의 말씀에 따르면
　　　　　　　　はなし

　NHKニュースによれば NHK 뉴스에 의하면

　新聞では 신문에서는
　しんぶん

날씨 표현

雨 비 あめ	**雪** 눈 ゆき
晴れ 맑음 は	**曇り** 흐림 くも
風 바람 かぜ	**梅雨** 장마 つゆ
台風 태풍 たいふう	**雷** 천둥 かみなり
暖かい 따뜻하다 あたた	**暑い** 덥다 あつ
涼しい 선선하다 すず	**寒い** 춥다 さむ

단어

天気予報(てんきよほう) 일기예보
よる 의하다, 따르다
春(はる) 봄
なる 되다
花(はな)**が咲**(さ)**く** 꽃이 피다
お金(かね) 돈
入(い)**れる** 넣다
切符(きっぷ) 표
出(で)**る** 나오다
箱(はこ) 상자
開(あ)**ける** 열다
プレゼント 선물
入(はい)**る** 들다, 들어가다
おじいさん 할아버지
ニュース 뉴스
新聞(しんぶん) 신문

2

あしたは大雨だそうです。

내일은 비가 많이 내린다고 해요.

～そうだ ～라고 한다

화자가 전해 듣거나 알게 된 정보를 상대방에게 전달하는 표현입니다. 명사와 い형용사, な형용사, 동사의 기본형에 연결하면 됩니다. 주관적인 의견이나 감정을 첨가하지 않고 있는 그대로 전달할 경우에는 ～と言っていました(～라고 말했습니다)나 ～と言ってた(～라고 말했다)를 사용하기도 합니다.

예 来月からはだんだん涼しくなるそうだ。

다음 달부터는 점점 선선해질 거라고 한다.

この町に新しい空港ができるそうだ。

이 동네에 새로운 공항이 생긴다고 한다.

兄は忙しいそうです。

형은 바쁘다고 합니다.

月曜日は休みだそうです。

월요일은 휴가(쉬는 날)라고 합니다.

～そうだ ～인 것 같다

～そうだ는 들은 것을 전할 때 외에도, 추량이나 추측을 나타낼 때도 쓸 수 있습니다. 이때는 접속 방법이 다르니 주의하세요.

예 おいしそう！ 맛있을 것 같아!

うれしそうね。どうしたの？
기분 좋아 보이네. 무슨 일이야?

➡ ～そうだ(양태) 86쪽 참고

단어

大雨(おおあめ) 큰비
来月(らいげつ) 다음 달
だんだん 점점
涼(すず)**しい** 시원하다, 선선하다
町(まち) 동네
空港(くうこう) 공항
できる 생기다, 할 수 있다
忙(いそが)**しい** 바쁘다
休(やす)**み** 휴가, 휴일, 방학
おいしい 맛있다
うれしい 기쁘다

 확인문제

❶ あしたは大雨だ_____。 내일은 비가 많이 내린다고 해요.

❷ 兄は_____ そうです。 형은 바쁘다고 합니다.

정답

① そうです ② 忙しい

3

また今度にするしかない。

또 다음번으로 할 수밖에 없다.

동사의 기본형+ しかない ~할 수밖에 없다

~しか는 '~밖에'라는 뜻의 조사로, 뒤에는 반드시 부정형이 옵니다. ~しか …ない의 형태로 그것 이외의 것을 모두 부정하는 의미를 나타냅니다. 동사의 기본형 뒤에 しかない를 붙이면 '~할 수밖에 없다'의 뜻이 됩니다.

예 **今度は思いきってやるしかない。**

이번에는 과감하게 할 수밖에 없어.

生徒は一生懸命勉強するしかない。

학생은 열심히 공부하는 수밖에 없어.

このことは私しか知らない。

이 일은 나밖에 몰라.

왕초보 탈출 tip

수량을 나타내는 명사 뒤에 しか를 붙이면 '불과', '겨우'의 뜻을 나타냅니다.

예 **あと三日しかない。**
앞으로 사흘밖에 안 남았다.

1000円しかない。
1000엔밖에 없다.

단어

また 또, 다시

今度(こんど) 다음번, 이번

~しか ~밖에

思(おも)**いきって** 과감하게

やる 하다(=する)

生徒(せいと) 학생

一生懸命(いっしょうけんめい)
열심히

勉強(べんきょう) 공부

知(し)**る** 알다

あと 뒤, 나중, 다음, 앞으로

三日(みっか) 3일, 사흘

 확인문제

❶ **このことは私_____知らない。** 이 일은 나밖에 몰라.

❷ **また今度にするしか_____。** 또 다음번으로 할 수밖에 없겠다.

정답

① しか ② ない

4

水族館なら、雨でも大丈夫だ。
すいぞくかん　　　あめ　　　　だいじょうぶ

수족관이라면 비가 내려도 괜찮다.

～なら ～(이)라면 가정 표현

가정 조건의 ～なら는 화제를 제시하거나 상대방의 이야기나 생각, 결심 등을 듣고 그것을 근거로 자신의 의견, 의지, 요구, 제안, 조언, 판단 등을 말할 때 쓰입니다.

(1) ～라면 (화자의 주관적 판단이나 제안, 조언 등)

예 その話なら、みんな知っている。 그 얘기라면 모두 알고 있어.
　　　　はなし　　　　　　　し

　夏を涼しく過ごしたいなら、図書館が一番よ。
　なつ　すず　す　　　　　　としょかん　いちばん

　여름을 시원하게 보내고 싶다면 도서관이 제일이야.

(2) 뒤의 사항이 먼저 일어나고 앞의 사항이 일어나는 경우

예 本を読むなら、電気をつけてください。
　ほん　よ　　　　　でんき

　책을 읽을 거라면 불을 켜세요.

(3) 상대의 말이나 행동을 받아서 말할 때

예 A ここにあったお菓子、見なかった？ 여기에 있던 과자 못 봤어?
　　　　　　　　かし　み

　　B それなら、私が食べたけど。 그거라면 내가 먹었는데.
　　　　　　　わたし　た

(4) '～라면 되지만……'이라는 식의 부정적인 뉘앙스로, 그것의 실현을 인정하거나 실현할 수 없는 것을 상정할 때

예 きょうならやってあげるけど、あしたは無理だよ。
　　　　　　　　　　　　　　　　　　　むり

　오늘이라면 해 줄 수 있는데, 내일은 무리야.

　もしもその話が本当なら、うれしい。
　　　　　はなし　ほんとう

　만약에 그 이야기가 정말이라면 좋겠다.

가정 표현

～なら와 ～と、～ば、～たら 네 가지 가정 표현을 비교해서 알아 두세요.

➔ **가정 표현** 156쪽 참고

단어

水族館(すいぞくかん) 수족관
～でも ～라도
大丈夫(だいじょうぶ)だ 괜찮다
みんな 모두
夏(なつ) 여름
過(す)ごす 보내다, 지내다
図書館(としょかん) 도서관
一番(いちばん) 가장, 제일
電気(でんき)をつける 불을 켜다
お菓子(かし) 과자
～けど ～인데, ～지만
無理(むり)だ 무리이다
もしも 만약
本当(ほんとう)だ 정말이다

확인문제

❶ その話＿＿＿＿＿＿、みんな知っている。 그 얘기라면 모두 알고 있어.
　　　はなし　　　　　　　　　し

❷ ＿＿＿＿＿なら、私が食べたけど。 그거라면 내가 먹었는데.
　　　　　　　わたし　た

정답

① なら ② それ

☑□□ 듣기 MP3 03-05   □□□ 회화 훈련 MP3 03-06

1

てんきよほう
天気予報によると、雪が降るそうです。

일기예보에 따르면 눈이 온다고 합니다.

(1) 텔레비전 뉴스에 따르면 오늘 아침에 지진이 났었대요.

テレビのニュースに よる 、今朝地震があったそうです。

(2) 이 버튼을 누르면 뜨거운 물이 나옵니다.

このボタンを 押す 、お湯が出ます。

(3) 벚꽃이 피면 꽃구경 오는 사람들로 가득 찹니다.

桜が 咲く 、花見客でいっぱいになります。

(4) 여기에 차를 세우면 주차 위반이 됩니다.

ここに車を 停める 、駐車違反になります。

□□□ 듣기 MP3 03-07   □□□ 회화 훈련 MP3 03-08

2

おおあめ
あしたは大雨だそうです。

내일은 비가 많이 내린다고 해요.

(1) 점점 선선해진다고 해요.

だんだん 涼しくなる そうです。

(2) 형은 바쁘다고 해요.

あに
兄は 忙しい そうです。

(3) 야마다 씨는 오늘 병원에 간다고 해요.

やまだ   びょういん
山田さんはきょう、病院に 行く そうです。

(4) 다음 주는 휴가라고 해요.

らいしゅう
来週は 休み そうです。

50

3

また今度にするしかない。

또 다음번으로 할 수밖에 없겠다.

(1) 이번에는 과감하게 할 수밖에 없어.

今度は思いきって <small>やる</small>   しかない。

(2) 학생은 열심히 공부하는 수밖에 없어요.

生徒は一生懸命 <small>勉強する</small>   しかないです。

(3) 젓가락이 없어서 김밥을 손으로 먹을 수밖에 없었어.

箸がなかったので、のり巻きを手で <small>食べる</small>   しかなかった。

(4) 돈이 없어서 걸어갈 수밖에 없어.

お金がなくて、歩いて <small>いく</small>   しかない。

4

水族館なら、雨でも大丈夫だ。

수족관이라면 비가 내려도 괜찮다.

(1) 그 이야기라면 모두 다 알고 있어.

その <small>話</small>   、みんな知ってる。

(2) 네가 간다면 나도 가야지.

あなたが <small>行く</small>   、私も行こう。

(3) 더우면 창문을 열게요.

<small>暑い</small>   、窓を開けますよ。

(4) 여권이 필요하면 갖고 가겠습니다.

パスポートが <small>必要だ</small>   、持っていきます。

도전! 실전 회화

☑□□ 듣기 MP3 03-13　　□□□ 회화 훈련 MP3 03-14

明日❶の各地のお天気です。
내일의　　각지의　　날씨입니다

東京は大雨注意報が出ています。
도쿄는　호우주의보가　　　　나와　있습니다

ところによっては雷雨となるでしょう。
곳, 장소　～에 따라서는　　뇌우　～가 되다　～겠습니다

⋯⋯⋯

あした、晴れるかなあ。❷
내일　　맑다　　～하려나

天気予報によると、大雨だそうですよ。
일기예보　　～에 의하면　큰비이다　～라고 합니다

えっ！子どもと動物園に行こうと思ってたのに❸、
앗(놀람)　아이　～와 동물원　～에 가자, 가야지　～라고 생각하고 있었다　～한데(역접)

また今度にするしかないな。
또　　다음번　～으로 하다　～밖에　없겠네, 없구나

水族館なんか❹どうですか。
수족관　　～등, ～따위　어떻습니까?

ああ、水族館なら雨でも大丈夫だ。
아～　　수족관　～라면　비　～라도　괜찮다

단어 뜻을 적어 보세요

明日(あす) 내일	各地(かくち) 각지	大雨注意報(おおあめちゅういほう) 호우주의보
ところ 곳, 장소	～によっては _____	雷雨(らいう) 뇌우	～となる ～가 되다
晴(は)れる 맑다, 날이 개다	天気予報(てんきよほう) _____	大雨(おおあめ) _____	～と ～와
動物園(どうぶつえん) 동물원	今度(こんど) _____	～しか _____	水族館(すいぞくかん) _____
～なんか ～등, ～따위	～でも _____	大丈夫(だいじょうぶ)だ _____	

뉴스	내일 각 지역의 날씨입니다. 도쿄는 호우주의보가 내려졌습니다. 곳에 따라서는 천둥을 동반한 비가 내릴 것입니다. ……
오카무라	내일 맑으려나.
지은	일기예보에 따르면 비가 많이 내린대요.
오카무라	앗 아이랑 동물원에 가려고 했는데, 또 다음번으로 할 수밖에 없겠네.
지은	수족관 같은 곳은 어때요?
오카무라	아~, 수족관이라면 비가 내려도 괜찮겠다.

point

❶ 明日 내일
보통 '내일'은 あした로, 히라가나로 표기합니다. 일기예보나 문서
등에서는 明日로도 쓰입니다.

❷ ～かな(あ) ～가?, ～까?, ～려나?, ～까나?
가벼운 감탄을 담아 의문을 나타내거나 자기 자신에게 묻는 느낌 혹
은 소망을 나타내기도 합니다.
예 そんなこともあったかな。 그런 일도 있었나? (가벼운 감탄+의문)
お茶でも飲もうかな。 차라도 마실까? (자기에게 묻는 느낌)

❸ ～と思ってたのに ～라고 생각했었는데
역접의 의미인 ～のに(～인데)가 연결된 표현입니다. ～ていたの
に에서 い가 생략되어 ～てたのに가 되었습니다.
예 運命だと思ってたのに。 운명이라고 생각했었는데.

❹ ～なんか ～등, ～정도, ～따위
～など와 같이 예를 들 때 쓰거나 '～따위'로 무시하는 뉘앙스를 나
타내기도 합니다. 주로 친근한 사이의 회화에서 사용합니다.
예 お金なんか要りません。 돈 따위 필요 없습니다.

1 다음을 잘 듣고, 밑줄 친 곳에 들어갈 말을 적어 보세요.

1 _____の各地のお天気です。

　① きょう　　　② きのう　　　③ あさって　　　④ あす

2 _____によると、大雨だそうですよ。

　① ニュース　　② 天気予報　　③ テレビ　　④ 新聞

3 水族館_____どうですか。

　① なに　　　② なんか　　　③ か　　　④ なんでも

2 일본어로 쓰고, 소리 내어 말해 보세요.

1 봄이 되면 (당연히) 꽃이 핍니다.　_____

　힌트　春(はる)になる 봄이 되다　花(はな)が咲(さ)く 꽃이 피다

2 다음 주는 휴가라고 합니다.　_____

　힌트　来週(らいしゅう) 다음 주　休(やす)み 휴가　～そうだ ~라고 한다

3 그 얘기라면 모두 알고 있다.　_____

　힌트　話(はなし) 이야기　～なら ~라면　みんな 모두　知(し)る 알다

3 ★에 들어갈 알맞은 말을 고르세요.

1 また_____ _____ __★__ _____な。

　① する　　② ない　　③ しか　　④ 今度に

2 _____ __★__ _____ _____でしょう。

　① よっては　　② なる　　③ 雷雨と　　④ ところに

3 ああ、_____ _____ _____ __★__だ。

　① なら　　② 水族館　　③ 大丈夫　　④ 雨でも

Day 04

仕事が終わったら話しましょう。

: 일이 끝나면 이야기합시다.

요즘 기운이 없어 보여요

남자 친구랑 싸워서요
ㅠㅠ

MP3와 강의를
들어보세요!

공부 순서

동영상 강의
☐ ☐ ☐

MP3 듣기
☐ ☐ ☐

본책 학습
☐ ☐ ☐

복습용 동영상
☐ ☐ ☐

단어장
☐ ☐ ☐

단어암기 동영상
☐ ☐ ☐

1

最近、元気がないみたい。

요즘 기운이 없어 보여.

～みたいだ ～인 것 같다, ～인 듯하다, ～와 같다

～みたいだ는 주관적 판단에 의한 추량이나 비유, 예시를 나타내는 표현입니다. 회화에서는 보통 だ를 뺀 ～みたい의 형태로 쓰이고, 공식적인 자리나 문서에는 ～ようだ를 사용합니다.

예 どうも風邪を引いたみたい。 아무래도 감기에 걸린 것 같아.

   外はけっこう寒いみたい。 밖은 꽤 추운 것 같아.

   彼は甘い物が好きみたいです。 그는 단것을 좋아하는 것 같아요.

   きょうは寒くて冬みたいです。 오늘은 추워서 겨울 같아요.

～みたいだ 뒤에 명사가 연결될 때는 ～みたいな의 형태가 됩니다.

예 ウソみたいな話 거짓말 같은 이야기

   お母さんみたいな母親になりたい。 엄마 같은 어머니가 되고 싶다.

→ ～ようだ 88쪽 참고

→ 추측 표현 157쪽 참고

～みたいだ 접속 방법

동사	기본형 과거형	
い형용사	기본형	+みたいだ
な형용사	어간	
명사		

단어

最近(さいきん) 최근, 요즘

元気(げんき)**がない** 기운이 없다

どうも 아무래도

風邪(かぜ)**を引**(ひ)**く** 감기 걸리다

外(そと) 밖

けっこう 꽤, 상당히

寒(さむ)**い** 춥다

甘(あま)**い** 달다

物(もの) 것, 물건

冬(ふゆ) 겨울

ウソ 거짓말(=嘘(うそ))

母親(ははおや) 어머니, 모친

 확인문제

❶ 最近、元気がない ＿＿＿＿＿。 요즘 기운이 없어 보여.

❷ きょうは寒くて ＿＿＿＿＿ みたいです。 오늘은 추워서 겨울 같아요.

 정답

① みたい ② 冬(ふゆ)

56

2

彼<ruby>かれ</ruby>とけんかしちゃった。

남자 친구랑 싸우고 말았어.

～てしまう＝～ちゃう ～해 버리다, ～하고 말다

'～해 버리다', '～하고 말다'의 뜻인 ～てしまう는 전부, 완전히, 빨리 끝낸다는 의미를 강조하는 표현입니다. 회화에서는 ～ちゃう로 축약되어 쓰입니다. ～でしまう는 ～じゃう가 됩니다. 위 문장에서는 けんかしてしまった가 けんかしちゃった로 축약되었습니다.

⊙ **동사의 て형** 19쪽 참고

⊙ 掃除<ruby>そうじ</ruby>や洗濯<ruby>せんたく</ruby>は土曜日<ruby>どようび</ruby>にまとめてやってしまいます。

청소나 빨래는 토요일에 모아서 해 버립니다. _(＝やっちゃいます)

あの本<ruby>ほん</ruby>はもう読<ruby>よ</ruby>んでしまいました。

그 책은 벌써 읽어 버렸습니다. _(＝読んじゃいました)

この仕事<ruby>しごと</ruby>は 30分<ruby>さんじゅっぷん</ruby>でできてしまう。

이 일은 30분 만에 다 끝난다. _(＝できちゃう)

風邪<ruby>かぜ</ruby>を引<ruby>ひ</ruby>いちゃって、学校<ruby>がっこう</ruby>に行<ruby>い</ruby>けなかった。

감기에 걸려 버려서 학교에 가지 못했다.

飲<ruby>の</ruby>みすぎちゃって、頭<ruby>あたま</ruby>が痛<ruby>いた</ruby>い。

과음해 버려서 머리가 아프다.

단어

彼(かれ) 그, 남자 친구(＝彼氏)
けんか 싸움
掃除(そうじ) 청소
洗濯(せんたく) 빨래, 세탁
土曜日(どようび) 토요일
まとめる 모으다
やる 하다
仕事(しごと) 일, 업무
できる 다 되다, 이루어지다
行(い)**ける** 갈 수 있다
　⊙ **동사의 가능형** 22쪽 참고
飲(の)**みすぎる** 과음하다
頭(あたま) 머리
痛(いた)**い** 아프다

 확인문제

❶ 彼<ruby>かれ</ruby>と＿＿＿＿＿しちゃった。　남자 친구랑 싸우고 말았어.

❷ 飲<ruby>の</ruby>みすぎ＿＿＿＿＿、頭<ruby>あたま</ruby>が痛<ruby>いた</ruby>い。　과음해 버려서 머리가 아프다.

 정답
① けんか　② ちゃって

□□□ 듣고 말하기 MP3 04-03

3

仕事が終わったら、食事しながら話しましょう。

일이 끝나면 식사하면서 이야기합시다.

～たら ～하면, ～한다면 가정 표현

일본어의 가정 표현 중에서 가장 많이 쓰이는 ～たら는 미래에 무언가가 이루어지거나 일어나는 경우에 씁니다. ～たら의 접속 방법은 た형을 만드는 방법과 똑같습니다.

종류	접속 방법	기본형	➡ ～たら
동사	**1그룹 동사** う・つ・る 떼고 + ったら く 떼고 + いたら ぐ 떼고 + いだら す 떼고 + したら ぬ・ぶ・む 빼고 + んだら	会う 만나다 書く 쓰다 泳ぐ 헤엄치다 話す 말하다 死ぬ 죽다	➡ 会ったら 만나면 ➡ 書いたら 쓰면 ➡ 泳いだら 헤엄치면 ➡ 話したら 말하면 ➡ 死んだら 죽으면
	2그룹 동사 る 떼고 + たら	見る 보다 食べる 먹다	➡ 見たら 보면 ➡ 食べたら 먹으면
	3그룹 동사	する 하다 来る 오다	➡ したら 하면 ➡ 来たら 오면
い형용사	い 떼고 + かったら	遠い 멀다 広い 넓다	➡ 遠かったら 멀면 ➡ 広かったら 넓으면
な형용사	だ 떼고 + だったら	好きだ 좋아하다 ➡ 上手だ 잘하다 ➡	好きだったら 좋아한다면 上手だったら 잘한다면
명사	명사 + だったら	先生だったら 선생님이라면 大人だったら 어른이라면	

예외 いい ➡ よかったら 좋다면 / 行く ➡ 行ったら 간다면

예 森さんが来たら、ちょうど10人になります。
모리 씨가 오면 딱 10명이 됩니다.

もし忙しくなかったら、電話をしてください。
만약 바쁘지 않거든 전화를 해 주세요.

暇だったら、手伝ってください。 한가하면 도와주세요.

～たら ～(했)더니

～たら는 '～하면'이라는 가정의 뜻 외에 과거의 사실을 얘기할 경우에는 '～(했)더니'의 의미로도 쓰입니다. 이때는 '～하면'으로 해석하면 어색하니 주의하세요.

예 外に出たら、雨が降っていました。
밖에 나갔더니 비가 내리고 있었어요.

メールを送ったら、すぐに返事が来ました。
메일을 보냈더니 바로 답장이 왔어요.

➡ 가정 표현 156쪽 참고

단어

終(お)わる 끝나다
ちょうど 마침, 딱
もし 만약
電話(でんわ) 전화
暇(ひま)だ 한가하다
手伝(てつだ)う 도와주다
出(で)る 나가다, 나오다
雨(あめ)が降(ふ)る 비가 오다
メール 메일
送(おく)る 보내다
すぐに 바로
返事(へんじ) 답장

4

定時に終わるかどうかわかりません。

제시간에 끝날지 어떨지 모르겠어요.

～かどうか ～인지 어떨지

～かどうか는 무엇인지 어떨지 모르는 불확실한 경우에 씁니다. 뒤에 오는 わかりません(모르겠습니다)이나 わからない(모르겠다)는 생략하기도 합니다.

예 **あるかどうか調べてみます。**

있는지 (없는지) 알아볼게요.

おいしいかどうかは、食べてみればわかる。

맛있는지 어떤지는 먹어 보면 알 수 있다.

予約が必要かどうかわからない。

예약이 필요한지 어떤지 모르겠어.

～かどうか 접속 방법

동사	기본형	+かどうか
い형용사	기본형	
な형용사	어간	
명사		

단어

定時(ていじ) 정시, 제시간
どうか 어떨지
わかる 알다, 알 수 있다
調(しら)**べる** 조사하다
～てみる ～해 보다
おいしい 맛있다
予約(よやく) 예약
必要(ひつよう)**だ** 필요하다
在庫(ざいこ) 재고

확인문제

❶ **定時に終わるか _____ わかりません。**

제시간에 끝날지 어떨지 모르겠습니다.

❷ **在庫が _____ かどうか調べてみます。** 재고가 있는지 알아볼게요.

정답

① どうか ② ある

☑□□ 듣기 MP3 04-05   □□□ 회화 훈련 MP3 04-06

1

最近、元気がないみたい。

요즘 기운이 없어 보여.

(1) 이렇게 춥다니 겨울 같아.

こんなに寒いなんて 冬   みたい。

(2) 아무래도 감기에 걸린 것 같아.

どうも風邪を 引く   みたい。

(3) 바깥은 꽤 추운 것 같아요.

外はけっこう 寒い   みたいです。

(4) 그는 단것을 좋아하는 것 같아요.

彼は甘い物が 好きだ   みたいです。

□□□ 듣기 MP3 04-07   □□□ 회화 훈련 MP3 04-08

2

彼とけんかしちゃった。

남자 친구랑 싸우고 말았어.

(1) 늦잠을 자 버려서 학교에 늦었어.

朝寝坊する   ちゃって、学校に遅れた。

(2) 전철을 놓쳐 버렸어.

電車に 乗り遅れる   ちゃった。

(3) 감기에 걸려 버려서 못 갔어.

風邪を 引く   ちゃって、行けなかった。

(4) 과음하고 말아서 머리가 아파.

飲みすぎる   ちゃって、頭が痛い。

3

どこで降^おりたらいいですか。

어디에서 내리면 됩니까?

(1) 예약은 어떻게 하면 됩니까?
　　 予約^{よやく}はどう する　　　　　　　　 いいですか。

(2) 교토는 어떻게 가면 됩니까?
　　 京都^{きょうと}はどう 行く　　　　　　　　 いいですか。

(3) 이 약을 먹으면 낫나요?
　　 この薬^{くすり}を 飲む　　　　　　　 治^{なお}りますか。

(4) 그쪽에 도착하면 연락 주세요.
　　 向^むこうに 着く　　　　　　　　 連絡^{れんらく}ください。

4

定時^{ていじ}に終^おわるかどうかわかりません。

제시간에 끝날지 어떨지 모르겠어요.

(1) 재고가 있을지 어떨지 알아보겠습니다.
　　 在庫^{ざいこ}が ある　　　　　　 どうか調^{しら}べてみます。

(2) 맛이 있을지 어떨지 모르겠습니다만.
　　 おいしい　　　　　　　 どうかわかりませんが。

(3) 예약이 필요한지 어떨지 물어볼게요.
　　 予約^{よやく}が 必要だ　　　　　　 どうか聞^きいてみます。

(4) 요코 씨도 갈지 어떨지 알려 주세요.
　　 陽子^{ようこ}さんも 行く　　　　　　 どうか教^{おし}えてください。

キムさん、どこか具合でも悪いの？❶
김 씨　　　　어딘가　　컨디션, 상태　～라도 나쁘다　～거야?(의문)

 いえ、大丈夫です。
아뇨　　괜찮습니다

 働きすぎじゃない？　最近、元気ないみたいだけど。
과로　　　～인 거 아니야?　요즘　　기운　없다　～인 듯하다　～지만, ～는데

 実は彼とけんかしちゃって。
사실은　남자친구와　싸움　～해 버려서(=してしまって)

 そう、僕でよかったら相談に乗る❷よ。
그래　　나　～로 좋다면, 괜찮다면　상담　～에 응하다　～(할)게

仕事が終わったら、食事しながら話そう。
일이　　끝나다　～하면　식사　하면서　이야기하자

 定時に終わるかどうか……。
정시에　끝나다　～지 어떨지

 僕も仕事しながら待ってるから。
나도　일, 업무　하면서　기다리고 있다　～테니까(이유)

元気が出るように、ステーキご馳走する❸よ。
기운이　나다　～하도록　스테이크　한턱내다, 대접하다　～(할)게

 うれしい。じゃ、お言葉に甘えて❹。
기쁘다　　그럼　말씀(호의)에　기대어, 받아들여서

단어 뜻을 적어 보세요

具合(ぐあい) 형편, 상태	働(はたら)きすぎ 과로	元気(げんき) _____	実(じつ)は 실은
彼(かれ) _____	けんか _____	よかったら 괜찮으면, 좋으면	相談(そうだん) 상담
仕事(しごと) _____	終(お)わる _____	～ながら ～하면서	待(ま)つ 기다리다
出(で)る 나다, 나오다	ステーキ 스테이크	ご馳走(ちそう)する 대접하다	うれしい 기쁘다
言葉(ことば) 말, 단어	甘(あま)える 응석 부리다, 호의·친절을 스스럼없이 받아들이다		

오카무라	지은 씨. 어디 몸 상태라도 안 좋아?
지은	아뇨, 괜찮아요.
오카무라	과로한 거 아냐? 요즘 기운 없어 보이는데.
지은	실은 남자 친구랑 싸워 가지고.
오카무라	그렇구나, 나라도 괜찮다면 의논 상대가 되어 줄게.
	일이 끝나면 식사하면서 이야기하자.
지은	정시에 끝날지 어떨지⋯⋯.
오카무라	나도 일하면서 기다릴 테니까.
	기운이 나도록 스테이크 한턱 쏠게.
지은	좋아요. 그럼 (염치 불구하고) 그렇게 할게요.

> **point**
>
> ❶ **具合でも悪いの？(↗)** 몸 컨디션이라도 안 좋은 거야?
> 具合が悪い는 몸 컨디션이 좋지 않다는 뜻입니다. ～でも는 '～라도'의 뜻이며, 의문의 종조사 の가 붙어서 반말 형태의 질문이 되었습니다.
>
> ❷ **相談に乗る** 상담에 응하다, 의논 상대가 되어 주다
> ～に乗る는 교통수단 뒤에 붙어 '～을 타다'라는 뜻도 되지만, 相談に乗る에서는 '응하다', '상대가 되어 주다'의 뜻입니다.
> *cf.* バスに乗る 버스를 타다
> 電車に乗る 전철을 타다
>
> ❸ **ご馳走する** 대접하다
> ご馳走란 '손님을 대접함', '요리', '진수성찬'을 의미합니다. ご馳走さま(でした)는 '잘 먹었습니다'라는 뜻의 인사말이죠.
> 예 きょうは私がご馳走しましょう。 오늘은 내가 대접할게요.
>
> ❹ **お言葉に甘えて** 호의를 받아들여서
> 言葉に甘える는 '상대의 호의를 받아들이다'라는 뜻의 관용구입니다. 상대방의 권유에 대해 '말씀에 힘입어 사양하지 않고 감사히 받겠습니다'라는 뉘앙스로 쓰입니다. 비슷한 표현인 それじゃ、遠慮なく。(그럼 사양하지 않겠습니다.)도 같이 알아 두세요.

듣고 말하기 🎧 MP3 04-15

1 다음을 잘 듣고, 밑줄 친 곳에 들어갈 말을 적어 보세요.

1 キムさん、どこか＿＿＿＿＿でも悪いの？

① 具合　　　　② こわい　　　　③ からだ　　　　④ あたま

2 働き＿＿＿＿＿じゃない？

① すき　　　　② ずき　　　　③ すぎ　　　　④ ずぎ

3 ＿＿＿＿＿、元気ないみたい。

① 最初　　　　② 最近　　　　③ 最後　　　　④ 最高

쓰고 말하기

2 일본어로 쓰고, 소리 내어 말해 보세요.

1 오늘은 추워서 겨울 같아요.　＿＿＿＿＿＿＿＿＿＿＿

힌트 きょう 오늘　寒(さむ)い 춥다　冬(ふゆ) 겨울　～みたいだ ～같다

2 어디에서 내리면 됩니까?　＿＿＿＿＿＿＿＿＿＿＿

힌트 どこで 어디에서　降(お)りる 내리다　～たらいい ～하면 된다

3 있는지 (없는지) 알아보겠습니다.　＿＿＿＿＿＿＿＿＿＿＿

힌트 ある 있다　～かどうか ～지 어떤지　調(しら)べる 조사하다　～てみる ～해 보다

시험 대비 문법

3 ★에 들어갈 알맞은 말을 고르세요.

1 ＿＿＿＿ ＿★＿ ＿＿＿＿ ＿＿＿＿よ。

① 乗る　　　　② よかったら　　　　③ 僕で　　　　④ 相談に

2 ＿＿＿＿ ＿＿＿＿、食事＿★＿ ＿＿＿＿ましょう。

① 話し　　　　② 終わったら　　　　③ 仕事が　　　　④ しながら

3 元気が＿＿＿＿ ＿★＿、＿＿＿＿ ＿＿＿＿するよ。

① 出る　　　　② ステーキ　　　　③ ように　　　　④ ご馳走

➡ 정답 169쪽

Day 05

木村も飲めよ。

: 기무라도 마셔.

벌써 취한 거야?

딱 한 잔만 더
마시자

MP3와 강의를
들어보세요!

공부 순서

동영상 강의
▢ ▢ ▢

MP3 듣기
▢ ▢ ▢

본책 학습
▢ ▢ ▢

복습용 동영상
▢ ▢ ▢

단어장
▢ ▢ ▢

단어암기 동영상
▢ ▢ ▢

핵심 문장 익히기

1

顔(かお)が真(ま)っ赤(か)だよ。

얼굴이 새빨개.

真(ま)〜 한〜, 새〜, 아주 〜함

접두어 真는 단어의 뜻을 강하게 해 줍니다. ま, まっ, まん 등으로 발음되며, 뒤에 오는 음에 따라서 탁음이나 자음의 변화가 일어나기도 합니다.

예 真夜中(まよなか) 한밤중　　　真顔(まがお) 진지한 얼굴, 정색　　　真(ま)ん中(なか) 한가운데

真(ま)っ最中(さいちゅう) 한창 〜할 때　　真(ま)っ赤(か) 새빨강　　　真(ま)っ青(さお) 새파랑

真(ま)っ白(しろ) 새하양　　　真(ま)っ暗(くら) 아주 깜깜함, 암흑　　　真(ま)っ黒(くろ) 새까망

종조사 よ

종조사 よ는 상대방에게 어떤 정보를 가르쳐 주고자 할 때, 본인이 가지고 있는 지식을 전달해 주고 싶을 때, 궁극적으로 자신의 주장을 나타낼 때 사용합니다. 너무 자주 사용하면 말하는 사람의 주장이 강하게 드러나고 고자세인 느낌을 줄 수 있으므로 다음 예문을 보고 상황에 맞게 적절하게 사용해 봅시다.

예 お酒(さけ)は飲(の)まない方(ほう)がいいですよ。 술은 마시지 않는 편이 좋습니다. 〈충고〉

早(はや)く行(い)こうよ。 빨리 가자. 〈권유〉

タバコを吸(す)ってはいけませんよ。 담배를 피워서는 안 됩니다. 〈금지〉

そこに座(すわ)れよ。 거기 앉아. 〈명령〉

お腹(なか)すいたよ。 배고파. 〈호소〉

わかったよ。 알았어. 〈대답/대꾸〉

🫧 확인 문제

❶ 顔(かお)が＿＿＿＿＿＿だよ。 얼굴이 새빨개.

❷ 早(はや)く行(い)こう＿＿＿＿＿。 빨리 가자.

접두어 お·ご

お는 주로 순수 일본어에 붙여 미화어, 존경어로 쓰입니다. 단, 한자어 앞에는 ご가 붙습니다.

(1) 말을 부드럽게 하는 미화어
お金(かね) 돈　　お茶(ちゃ) 차
お菓子(かし) 과자　　ご飯(はん) 밥

(2) 상대를 높이는 존경어
お名前(なまえ) 이름　　お国(くに) 고향
ご主人(しゅじん) 남편　　ご両親(りょうしん) 부모님
　　　　　　　　　　　　　　　(상대방)

단어

顔(かお) 얼굴
真(ま)っ赤(か) 새빨강
お酒(さけ) 술
早(はや)く 빨리
行(い)こう 가자
　➔ 동사의 의지형 22쪽 참고
タバコを吸(す)う 담배를 피우다
〜てはいけない 〜해선 안 된다
そこ 거기, 그곳
座(すわ)る 앉다
お腹(なか)がすく 배가 고프다

정답

① 真(ま)っ赤(か)　② よ

2

木村も飲めよ。
きむら　の

기무라도 마셔.

동사의 명령형

왕초보 탈출 tip

보통 여성들이 명령조로 얘기할 때는 て형을 씁니다.

예 やめて。 그만해.
　　静かにして。 조용히 해.
しず
　　ちょっと手伝って。 좀 도와줘.
てつだ
　　こっち来て。 이쪽으로 와.
き

일본어에서 명령형으로 끝나는 문장은 주로 남성이 다른 사람에게 강력하게 명령하는 표현입니다. 또는 남성이 친한 상대에게 제안이나 권유의 의미로 사용하기도 합니다. 문장 속에서 간접화법으로 사용되거나, 시험 등의 지시문에서는 남녀에 관계없이 사용합니다. 편한 사이의 대화에서 명령형을 쓸 때는 끝에 よ를 붙여 부드럽게 하는 경우가 많습니다.

종류	접속 방법	기본형	➡	명령형
1그룹 동사	어미를 え단으로	言う 말하다 い 止まる 멈추다 と 飲む 마시다 の	➡ ➡ ➡	言え 말해라 い 止まれ 멈춰라 と 飲め 마셔라 の
2그룹 동사	어미 る 떼고 +ろ	見る 보다 み 食べる 먹다 た	➡ ➡	見ろ 봐라 み 食べろ 먹어라 た
3그룹 동사		する 하다 来る 오다 く	➡ ➡	しろ 해라 来い 와라 く

예 止まれ 멈춤 〈교통 표지〉
と

やめろ！ (싸움을 하고 있는 사람에게) 그만둬!

静かにしろ！ (아버지가 자식을 꾸짖으며) 조용히 해!
しず

よかったら、今晩うちに来いよ。 (친구끼리) 괜찮으면 오늘 밤 우리 집에 와.
こんばん　　　こ

ちょっと手伝えよ。 (친구끼리) 잠깐 도와주라.
てつだ

단어

～も ～도
止(と)まる 멈추다
やめる 그만두다
静(しず)かにする 조용히 하다
今晩(こんばん) 오늘 밤
うち 우리 집
ちょっと 잠깐, 조금
手伝(てつだ)う 돕다
こっち 이쪽

확인문제

❶ 木村も＿＿＿＿＿＿よ。 기무라도 마셔.
きむら

❷ 静かに＿＿＿＿＿＿！ 조용히 해!
しず

정답

① 飲め ② しろ
の

□□□ 듣고 말하기 MP3 05-03

3

帰(かえ)るぞ。送(おく)ってくよ。

(집에) 갈 거야. 바래다줄게.

종조사 ぞ

종조사 ぞ는 혼잣말로 스스로에게 다짐하거나 판단할 때, 대등한 관계나 손아랫사람에게 자기 생각을 강하게 주장할 때 사용합니다. 대체로 남성어입니다.

예 今度(こんど)こそ、やるぞ。 이번에야말로 할 테다.

おい、もう時間(じかん)だぞ。 이봐, 벌써 시간 다 됐어.

→ 종조사 총정리 167쪽 참고

～て(い)る ～하고 있다
～て(い)く ～해 가다

일상 회화에서는 표현을 짧게 하거나 발음하기 쉬운 형태로 바뀌기도 합니다. ～ている (～하고 있다)에서 い를 생략하고 ～てる로, ～ていく(～해 가다)도 ～てく의 형태로 많이 씁니다.

예 そんなこと、わかってる。 그런 거 알고 있어.
(＝わかっている)

会社(かいしゃ)まで歩(ある)いてく。 회사까지 걸어가.
(＝歩いていく)

暇(ひま)なら、映画(えいが)でも見(み)てく？ 한가하면 영화라도 보고 갈래?
(＝見ていく)

これ、あっちに持(も)ってって。 이거 저쪽으로 갖고 가.
(＝持っていって)

확인문제

❶ _____ ぞ。 (집에) 갈 거야.

❷ _____ てくよ。 바래다줄게.

자주 쓰는 회화체 표현

～ている→～てる	～하고 있다
～ていく→～てく	～해 가다
～ておく→～とく	～해 두다
～てしまう→～ちゃう	～해 버리다
～でしまう→～じゃう	

예 待(ま)っててね。 기다리고 있어.

連(つ)れてってください。
데리고 가 주세요.

買(か)っとくよ。 사 둘게.

食(た)べちゃった。 먹어 버렸어.

飲(の)んじゃった。 마셔 버렸어.

단어

帰(かえ)る 돌아가다, (집에) 가다

送(おく)る 보내다, 바래다주다

今度(こんど) 이번, 다음번

～こそ ～야말로

やる 하다

おい 이봐(친한 사이나 아랫사람을 부를 때 쓰는 말)

もう 벌써

歩(ある)く 걷다

暇(ひま)だ 한가하다

あっち 저쪽(＝あちら)

持(も)つ 들다, 가지다

정답

① 帰(かえ)る ② 送(おく)っ

4

そんなこと言^いうな。

그런 말 하지 마라.

동사의 기본형＋な ~하지 마라 부정 명령

~な는 강한 부정 명령으로, 주로 남자들이 하지 말라고 강하게 명령할 때 씁니다. 보통 여성들이 '~하지 마', '~하지 말아 줘'라고 말할 때는 ~ないで를 사용합니다.

 동사 부정형＋ないで

~ないでください에서 くだ さい가 생략된 형태로, '~하지 마'라는 부정의 명령을 나타냅니다.

예 泣^なかないで。 울지 마.
笑^{わら}わないで。 웃지 마.

예 私^{わたし}のことは心配^{しんぱい}するな。 나는 걱정하지 마.　여자 ➡ 心配しないで

簡単^{かんたん}に言^いうな。 쉽게 얘기하지 마.　여자 ➡ 言わないで

言^いい訳^{わけ}するな。 핑계 대지 마.　여자 ➡ しないで

見^みるな。 보지 마.　여자 ➡ 見ないで

来^くるな。 오지 마.　여자 ➡ 来^こないで

➔ ~ないで 24쪽 참고
➔ **동사의 명령 표현** 158쪽 참고

단어

そんな 그런
こと 것
言^いう 말하다
私^{わたし}のこと 내일, 나에 대한 것
心配^{しんぱい}する 걱정하다
簡単^{かんたん}に 간단히, 쉽게
言^いい訳^{わけ} 변명, 핑계
泣^なく 울다
笑^{わら}う 웃다

 확인 문제

❶ 心配^{しんぱい}する ＿＿＿＿＿＿。 걱정하지 마. 〈남성어〉

❷ ＿＿＿＿＿＿な。 보지 마. 〈남성어〉

정답
① な ② 見^みる

☑□□ 듣기 **MP3** 05-05　　□□□ 회화 훈련 **MP3** 05-06

1

顔が真っ赤だよ。
かお　ま　か

얼굴이 새빨개.

(1) 얼굴이 새파란데, 괜찮아?

顔が　真っ青　　　　　　　　　だけど、大丈夫？
かお　　　　　　　　　　　　　　　　だいじょう ぶ

(2) 피부가 새까맣구나. 어디 갔다 왔어?

肌が　真っ黒　　　　　　　　　だね。どこか行ってきた？
はだ　　　　　　　　　　　　　　　　　　い

(3) 긴장해서 머릿속이 새하얘졌어.

緊張して頭の中が　真っ白　　　　　　　　になった。
きんちょう　あたま　なか

(4) 한가운데 놔두세요.

真ん中　　　　　　　　　　に置いてください。
　　　　　　　　　　　　　　　お

□□□ 듣기 **MP3** 05-07　　□□□ 회화 훈련 **MP3** 05-08

2

木村も飲めよ。
き むら　　の

기무라도 마셔. 〈명령형〉

(1) 너도 도와라.

お前も　手伝う　　　　　　　　よ。
まえ

(2) 조용히 해라.

静かに　する　　　　　　　　　よ。
しず

(3) 괜찮으면 우리 집에 와라.

よかったら、うちに　来る　　　　　　　　　よ。

(4) 그런 거 그만둬라.

そういうの、　やめる　　　　　　　　よ。

3

送ってくよ。
おく

바래다줄게.

(1) 시간 있으니까 걸어갈게.

　　時間あるから、 歩く 　　　　　　　　**よ。**
　　じ かん

(2) 영화라도 보고 갈래?

　　映画でも 見る 　　　　　　**？**
　　えい が

(3) 다음 주 파티 데리고 갈게.

　　来週のパーティー、 連れる 　　　　　　**よ。**
　　らいしゅう

(4) 간단한 선물 갖고 갈게.

　　手土産、 持つ 　　　　　　　　**よ。**
　　て みやげ

4

そんなこと言うな。
　　　　　　い

그런 말 하지 마라.

(1) 가까이서 보지 마라.

　　近くで 見る 　　　　　**。**
　　ちか

(2) 바보 같은 짓 하지 마라.

　　バカなこと、 する 　　　　　**。**

(3) 두 번 다시 오지 마라.

　　二度と 来る 　　　　　**。**
　　に ど

(4) 맘대로 방에 들어오지 마라.

　　勝手に部屋に 入る 　　　　　**。**
　　かって　 へ や

☑□□ 듣기 MP3 05-13 　□□□ 회화 훈련 MP3 05-14

もう酔ったのか❶。顔が真っ赤だよ。
벌써 　취했다 　～거야? 　얼굴이 새빨갛다

いいから、木村も飲めよ。
좋다, 됐다 ～니까 기무라도 　마셔라

おれは車だから。
나는 　차 ～이니까

なんだ❷、ウーロン茶か。
뭐야 　우롱차 ～야?

おれはウイスキー、おかわり❸！
나는 　위스키 　한잔더

きょうは飲むぞ！
오늘은 　마시다 ～(할)테다

……

もう１１時だ。帰るぞ。送ってくよ。
벌써 11시 ～이다 돌아가다 ～거야 바래다주다 ～하고 가다

そんなこと言うな。
그런 　것 말하다 ～하지마

もう一軒、行こう！
더 한집 가자

そんなに飲むと、あしたの仕事にさしつかえる❹ぞ。
그렇게 　마시다 ～하면 내일의 　일 　～에 지장이 있다 　～거야

단어 뜻을 적어 보세요

酔(よ)う 취하다　　　　　　　真(ま)っ赤(か) _____　　　おれ 나(주로 남자가 동료 또는 아랫사람과 말할 때 씀)

車(くるま) 차, 자동차　　　　なんだ 뭐야　　　　　　　ウーロン茶(ちゃ) 우롱차　　ウイスキー 위스키

おかわり 한 잔 더, 한 그릇 더(같은 음식을 더 먹음, 또는 그 음식)　　送(おく)る _____　　　～な _____

もう一軒(いっけん) 한 집 더, 한 곳 더　　そんなに 그렇게　　さしつかえる 지장이 있다

기무라	벌써 취한 거야? 얼굴이 시뻘게.
오카무라	괜찮으니까, 기무라도 마셔.
기무라	난 차로 와서.
오카무라	뭐야, 우롱차야?
	난 위스키 한 잔 더!
	오늘은 마실 거야!
	……
기무라	벌써 11시야. 가야지. 바래다줄게.
오카무라	그런 말 하지 마.
	한 곳 더 가자! (2차 가자)
기무라	그렇게 마시면 내일 일에 지장 있어.

❶ 酔ったのか　취한 거야?

형식명사 の(것)에 의문을 나타내는 종조사 か(〜인가?, 〜일까?)를 붙이면 '〜한 거야?'라는 뉘앙스가 됩니다. もう와 같이 쓰이면 '벌써 〜한 거야?'라는 뜻을 나타냅니다.

❷ なんだ　뭐야

なんだ는 기대나 예상 등이 어긋났을 때 뜻밖이라는 기분을 나타내는 말입니다.

예 なんだ、これは。뭐야, 이건.

❸ おかわり　한 그릇 더, 한 잔 더

같은 음식을 더 먹거나 그 음식을 가리키는 말이 おかわり입니다. 음식이면 '한 그릇 더', 마시는 것이면 '한 잔 더'라고 해석할 수 있습니다.

예 おかわりお願いします。한 그릇 더[한 잔 더] 부탁합니다.

❹ さしつかえる　지장이 있다

'〜에 지장이 생기다', '지장을 초래하다'라는 뜻의 さしつかえる는 앞에 조사 に가 옵니다. 명사로 '지장'은 さしつかえ입니다.

예 仕事にさしつかえる。일에 지장이 있다.
　　予定にさしつかえる。예정에 지장을 초래하다.

🎧 **듣고 말하기** 🎧 MP3 05-15

1 다음을 잘 듣고, 밑줄 친 곳에 들어갈 말을 적어 보세요.

1 もう酔ったのか。 顔が_____だよ。

① 真っ黒　　② 真っ白　　③ 真っ青　　④ 真っ赤

2 _____、ウーロン茶か。

① なん　　② なんも　　③ なんだ　　④ なんで

3 おれはウイスキー、_____！

① おねがい　　② おかわり　　③ おすわり　　④ おわり

📝 **쓰고 말하기**

2 일본어로 쓰고, 소리 내어 말해 보세요.

1 술은 마시지 않는 편이 좋습니다. 〈충고〉 _____

　힌트 飮(の)む 마시다　〜ない方(ほう)がいい 〜하지 않는 편이 좋다　〜よ 종조사

2 조용히 해라! 〈명령〉 _____

　힌트 静(しず)かにする 조용히 하다

3 핑계 대지 마. 〈금지〉 _____

　힌트 言(い)い訳(わけ) 핑계, 변명　〜な 〜하지 마

📖 **시험 대비 문법**

3 ★에 들어갈 알맞은 말을 고르세요.

1 _____ _____ __★__ _____よ。

① タバコを　　② ここで　　③ いけません　　④ 吸っては

2 _____、_____ _____ __★__よ。

① よかったら　　② うちに　　③ 来い　　④ 今晩

3 そんなに_____、__★__ _____ _____ぞ。

① 仕事に　　② 飮むと　　③ さしつかえる　　④ あしたの

➡ 정답 | 170쪽

Day 06

誕生日プレゼントと花束をもらいました。

: 생일 선물과 꽃다발을 받았습니다.

멋진 반지네요

남편에게 선물 받은 거예요

MP3와 강의를 들어보세요!

공부 순서

동영상 강의

MP3 듣기

본책 학습

복습용 동영상

단어장

단어암기 동영상

핵심 문장 익히기

1

彼<ruby>かれ</ruby>に何<ruby>なに</ruby>をあげたんですか。

그에게 무엇을 주었나요?

あげる (내가 남에게) 주다
～てあげる (내가 남에게) ～해 주다

내가 남에게 무엇인가를 주는 경우 혹은 제3자가 제3자에게 주는 경우에도 あげる를 씁니다.

(1) (사람)に (사물)を あげる   (내가 남에게) ～을 주다

예 (私<ruby>わたし</ruby>は)彼<ruby>かれ</ruby>にプレゼントをあげました。

(나는) 그에게 선물을 주었습니다.

あなたは恋人<ruby>こいびと</ruby>に何<ruby>なに</ruby>をあげましたか。

당신은 연인에게 무엇을 주었습니까?

(2) (사물)を …てあげる   (내가 남에게) ～을 …해 주다

예 (私<ruby>わたし</ruby>は)弟<ruby>おとうと</ruby>の宿題<ruby>しゅくだい</ruby>を手伝<ruby>てつだ</ruby>ってあげました。

(나는) 남동생의 숙제를 도와주었습니다.

(私<ruby>わたし</ruby>は)キムさんに日本語<ruby>にほんご</ruby>を教<ruby>おし</ruby>えてあげました。

(나는) 김 씨에게 일본어를 가르쳐 주었습니다.

キムさんはパクさんに本<ruby>ほん</ruby>を買<ruby>か</ruby>ってあげました。

김 씨는 박 씨에게 책을 사 주었습니다.

확인 문제

❶ 観光客<ruby>かんこうきゃく</ruby>に道<ruby>みち</ruby>を教<ruby>おし</ruby>えて _____ ました。

관광객에게 길을 알려 주었습니다.

❷ 奥<ruby>おく</ruby>さんは何<ruby>なに</ruby>を _____ んですか。 사모님은 무엇을 주었나요?

～んです = ～ました

'あげた(과거형)+(ん)です(공손체)'는 'あげました(과거공손체)'와 같은 뜻입니다. 상대의 반응에 대해 설명하거나 의문문의 경우에는 상대방에게 설명을 요구하는 뉘앙스로 쓰입니다.

買<ruby>か</ruby>ったんです 샀습니다, 샀어요
≒ 買いました
行<ruby>い</ruby>ったんですか 갔습니까?, 갔어요?
≒ 行きましたか

단어

何<ruby>なに</ruby> 무엇
あげる 주다
プレゼント 선물
恋人<ruby>こいびと</ruby> 연인, 애인
弟<ruby>おとうと</ruby> 남동생
宿題<ruby>しゅくだい</ruby> 숙제
手伝<ruby>てつだ</ruby>**う** 돕다
教<ruby>おし</ruby>**える** 가르치다, 알려 주다
本<ruby>ほん</ruby> 책
買<ruby>か</ruby>**う** 사다
観光客<ruby>かんこうきゃく</ruby> 관광객
道<ruby>みち</ruby> 길

정답

① あげ ② あげた

2

主人がプレゼントしてくれました。
しゅじん

남편이 선물해 줬어요.

くれる (남이 나에게) 주다
～てくれる (남이 나에게) ～해 주다

상대가 나에게 무엇인가를 주는 경우에 くれる를 씁니다. 해 주는 주체가 상대방이고, 나혹은 내 가족에게 무언가를 해 주는 경우에도 쓸 수 있습니다.

(1) (私に) (사물)を くれる (상대가 나에게) ～을 주다
   わたし

例 友達が(私に)ワインをくれました。
   ともだち わたし

친구가 (나에게) 와인을 주었습니다.

誕生日に息子が(私に)花をくれました。
たんじょう び むすこ わたし はな

생일에 아들이 (나에게) 꽃을 주었습니다.

(2) (私/私の～/대상)を …てくれる (나/나의 ～/대상)을 …해 주다
   わたし わたし

例 友達が(私の)宿題を手伝ってくれました。
   ともだち わたし しゅくだい て つだ

친구가 (내) 숙제를 도와주었습니다.

知らない人が、駅までの道を教えてくれました。
し ひと えき みち おし

모르는 사람이 역까지의 길을 알려 주었습니다.

단어

主人(しゅじん) 남편

くれる (남이 나에게) 주다

ワイン 와인

誕生日(たんじょうび) 생일

息子(むすこ) 아들

花(はな) 꽃

知(し)る 알다

駅(えき) 역

～までの ～까지의

 확인 문제

❶ 彼は私にプレゼントを ＿＿＿＿＿ ました。 그는 나에게 선물을 주었습니다.
   かれ わたし

❷ 友達が花を ＿＿＿＿＿ くれました。 친구가 꽃을 사 주었습니다.
   ともだち はな

정답

① くれ ② 買って

□□□ 듣고 말하기 **MP3** 06-03

3

バラの花束はなたばももらいました。

장미 꽃다발도 받았습니다.

もらう　(남으로부터) 받다
～てもらう　(남으로부터) ～해 받다

뭔가를 받았다고 할 때 もらう를 씁니다. もらう는 남으로부터 내가 받는 입장이므로 주체가 받은 사람인 '나 자신'이지만, くれる는 남이 나에게 주는 입장이므로 주체가 주는 사람인 '남'이 됩니다.

(1) (사람)に[から] (사물)を もらう　(남으로부터) ～을 받다

예 (私わたしは)姉あねにおしゃれなハンカチをもらいました。

(나는) 언니에게서 멋진 손수건을 받았습니다.

友達ともだちからプレゼントをもらいました。

친구한테 선물을 받았습니다.

(2) (사람)に[から] (사물)を …てもらう　(남으로부터) ～을 …해 받다

예 (私わたしは)友達ともだちに宿題しゅくだいを手伝てつだってもらいました。

(나는) 친구에게 숙제하는 데 도움을 받았습니다. (= 친구가 숙제를 도와줬습니다.)

(私わたしは)隣となりの人ひとに引ひっ越こしを手伝てつだってもらいました。

이웃 사람이 (나의) 이사를 도와주었습니다.

⊙ **주고받는 표현** 158쪽 참고

단어

バラ 장미
花束(はなたば) 꽃다발
もらう 받다
姉(あね) 언니, 누나
おしゃれだ 멋을 내다, 멋지다
ハンカチ 손수건
隣(となり)の人(ひと) 이웃 사람
引(ひ)っ越(こ)し 이사

확인문제

❶ 友達ともだちにプレゼントを ＿＿＿＿＿＿＿。　친구한테 선물을 받았습니다.

❷ 友達ともだちに宿題しゅくだいを ＿＿＿＿＿ もらいました。

친구가 숙제를 도와줬습니다.

 정답

① もらいました
② 手伝てつだって

4

主人がそれで十分だって言うんで。
しゅじん　　　　　　じゅうぶん　　　　　い

남편이 그걸로 충분하다고 해서.

～って＝～と　～라고

들은 것을 전할 때 ～と言っていました라고 하는데, 회화에서는 と를 って로 바꾼 형태인 ～って言っていました가 많이 쓰입니다. 마찬가지로 何と言っていましたか(뭐라고 말했나요?)라고 물을 때에도 何て言っていましたか의 형태를 쓸 수 있습니다.

（예） お見合い結婚だと聞いたよ。중매 결혼이라고 들었어.
み あ　　けっこん　　き

＝お見合い結婚だって(聞いた)よ。중매 결혼이래.
(회화에서는 聞いた가 생략되기도 함)

～ので＝～んで　～이기 때문에, ～이니까

회화에서는 ～ので가 ～んで로도 많이 쓰입니다. ～ので는 이유나 원인을 객관적으로 나타내므로 정중하고 완곡하게 말하고 싶을 때 사용합니다. 비슷하게 쓰이는 ～から는 주관적인 이유나 원인을 나타내어 적극적인 자기주장을 표현합니다. 따라서 뒤에 주로 명령, 금지, 권유, 추량, 의지, 요구 등의 표현이 이어집니다.

（예） 用事がありますので、お先に失礼します。
よう じ　　　　　　　　　さき　　しつれい

볼일이 있어서 먼저 들어가 보겠습니다.

頭が少し痛いんで、早く帰ってもいいですか。
あたま　すこ　いた　　　　　はや　かえ

머리가 조금 아파서 일찍 돌아가도 될까요?

行くので ＝ 行くんで　가니까
い　　　　　　い

終わるので ＝ 終わるんで　끝나니까
お　　　　　　お

🔵 확인 문제

❶ 用事があります＿＿＿＿＿＿。볼일이 있어서.
よう じ

❷ きょうは早く＿＿＿＿＿んで、夕食一緒にしよう。
はや　　　　　　　　　ゆうしょくいっしょ

오늘은 일찍 끝나니까 저녁 같이 먹자.

왕초보 탈출 tip

十分だって言うんで
じゅうぶん
＝十分だと言うので
충분하다고 해서

～なので＝～なんで

～ので가 な형용사나 명사 뒤에서는 ～なので가 되는데, 회화에서는 ～なんで로도 많이 쓰입니다.

（예） 初心者なんで、自信があり
しょしんしゃ　　　　じしん
ません。
초보라서 자신이 없습니다.

단어

それで 그것으로
十分(じゅうぶん)だ 충분하다
お見合(みあ)い結婚(けっこん)
　선보고 하는 결혼, 중매 결혼
用事(ようじ) 볼일, 용무
先(さき)に 먼저
失礼(しつれい)する 실례하다
少(すこ)し 조금
初心者(しょしんしゃ) 초보(자)
自信(じしん)がある 자신이 있다
夕食(ゆうしょく) 저녁 식사

정답

① ので 또는 んで
② 終わる

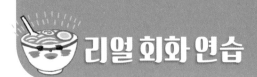리얼 회화 연습

1

おく しゅじん うで ど けい
奥さんはご主人に腕時計をあげました。
부인은 남편에게 손목시계를 주었습니다.

(1) 나는 남동생에게 수첩을 주었습니다.

私 → 弟
てちょう
手帳をあげました。

(2) 나는 남자 친구에게 선물을 주었습니다.

私 → 彼氏
プレゼントをあげました。

(3) 나는 엄마에게 꽃다발을 주었습니다.

私 → 母
はなたば
花束をあげました。

(4) 김 씨는 박 씨에게 책을 주었습니다.

キムさん → パクさん
ほん
本をあげました。

2

ともだち しゅくだい て つだ
友達が宿題を手伝ってくれました。
친구가 숙제를 도와주었습니다.

(1) 언니는 청소를 도와주었습니다.

あね そう じ
姉は掃除を 手伝う　　　　　　くれました。

(2) 아빠는 나에게 선물을 사 주었습니다.

ちち わたし
父は私にプレゼントを 買う　　　　　　くれました。

(3) 엄마는 항상 맛있는 저녁을 해 줍니다.

か あ ゆう はん
お母さんはいつもおいしい夕ご飯を 作る　　　　　　くれます。

(4) 할머니는 나와 여동생을 보살펴 주셨어요.

そ ぼ わたし いもうと めんどう
祖母は私と妹の面倒を 見る　　　　　　くれました。

80

□□□ 듣기 **MP3** 06-09   □□□ 회화 훈련 **MP3** 06-10

3

<ruby>友達<rt>ともだち</rt></ruby>にプレゼントをもらいました。

친구로부터 선물을 받았습니다.

(1) 언니한테 손수건을 받았습니다.

姉 (→ 私)　　　　　　　　　　ハンカチをもらいました。

(2) 남자 친구한테 반지를 받았습니다.

彼氏 (→ 私)　　　　　　　　<ruby>指輪<rt>ゆびわ</rt></ruby>をもらいました。

(3) 작가한테 사인이 적힌 책을 받았습니다.

作家 (→ 私)　　　　　　　　サイン<ruby>本<rt>ほん</rt></ruby>をもらいました。

(4) 마리 씨에게 선물을 받았다.

マリさん (→ 私)　　　　　　お<ruby>土産<rt>みやげ</rt></ruby>をもらった。

□□□ 듣기 **MP3** 06-11   □□□ 회화 훈련 **MP3** 06-12

4

<ruby>友達<rt>ともだち</rt></ruby>に<ruby>宿題<rt>しゅくだい</rt></ruby>を<ruby>手伝<rt>てつだ</rt></ruby>ってもらいました。

친구가 숙제를 도와주었습니다.

(1) 선생님께서 작문을 고쳐 주었습니다.

<ruby>先生<rt>せんせい</rt></ruby>に<ruby>作文<rt>さくぶん</rt></ruby>を 直す　　　　　　もらいました。

(2) 오늘 미용실에서 머리를 잘라 주었습니다.

きょう、<ruby>美容院<rt>びょういん</rt></ruby>で<ruby>髪<rt>かみ</rt></ruby>を 切る　　　　　　もらいました。

(3) 역에서 (누군가 나에게) 길을 알려 주었다.

<ruby>駅<rt>えき</rt></ruby>で<ruby>道<rt>みち</rt></ruby>を 教える　　　　　もらった。

(4) 내가 만든 곡을 다 같이 들어 주었다.

<ruby>自分<rt>じぶん</rt></ruby>で<ruby>作<rt>つく</rt></ruby>った<ruby>曲<rt>きょく</rt></ruby>を、みんなに 聞く　　　　もらった。

도전! 실전 회화

□□ 듣기 MP3 06-13   □□□ 회화 훈련 MP3 06-14

素敵な指輪ですね。
멋진   반지   ~네요, ~군요

結婚記念日に主人がプレゼントしてくれた❶んです。
결혼기념일에   남편이 선물   ~해 주었다   ~거든요

バラの花束ももらっちゃいました。
장미의   꽃다발도   받아 버렸습니다(= もらってしまいました)

うらやましい〜❷！ ルミ子さんは何をあげたんですか。
부럽다   루미코 씨는   무엇을 주었다   ~거예요?

私は何も。
나는   아무것도

あら、どうして？
어머   어째서, 왜

私がプレゼントだから……。 それは冗談！
내가   선물   ~이니까   그것은   농담

実は主人の誕生日に、ちょっと無理して、
실은   남편의   생일에   좀   무리해서

高価な腕時計を買ってあげた❶んです。
고가의   손목시계를   사다 ~해 주었다   ~거든요

そしたら主人がそれで十分だ❸って言うんで。
그렇게 하니까   남편이   그것으로   충분하다 ~라고 말하다 ~해서

まあ、やさしいご主人ね。
이야, 어머   자상하다   남편분   ~군요, ~네요

🎏 단어 뜻을 적어 보세요

素敵(すてき)だ 근사하다, 멋지다   指輪(ゆびわ) 반지   結婚記念日(けっこんきねんび) 결혼기념일

主人(しゅじん) _____   プレゼント _____   バラの花束(はなたば) _____

うらやましい 부럽다   あら 어머나(놀람, 여성어)   冗談(じょうだん) 농담   実(じつ)は 실은, 사실은

高価(こうか) 고가   腕時計(うでどけい) 손목시계   そしたら 그렇게 하니까, 그러자(=そうしたら·すると)

まあ 이야, 어머   やさしい 상냥하다, 자상하다

82

지은	멋진 반지네요.
루미코	결혼기념일에 남편이 선물해 준 거예요.
	장미 꽃다발도 받았어요.
지은	부럽다~!
	루미코 씨는 (남편분에게) 무엇을 줬나요?
루미코	나는 아무것도 (안 줬어요).
지은	어머, 왜요?
루미코	내가 선물이니까요……. 그건 농담!
	실은 남편 생일에 좀 무리해서
	고가의 손목시계를 사 줬거든요.
	그랬더니 남편이 그걸로 충분하다고 해서.
지은	이야, 자상한 남편이네요.

point

❶ 〜てくれる (남이 나에게) 〜해 주다
　〜てあげる (내가 남에게) 〜해 주다
　〜てもらう 〜해 받다

한국어로는 똑같이 '〜해 주다'로 해석되어도, 일본어로는 무언가를 해 주는 사람과 받는 사람을 구분하여 표현한다는 것에 유의하세요.

예 夫が私に買ってくれました。 남편이 나에게 사 주었어요.
　私が夫に買ってあげました。 내가 남편에게 사 주었어요.
　(人に)道を教えてもらいました。 (다른 사람한테) 길을 가르쳐 받았습니다. (다른 사람이 길을 가르쳐 주었습니다.)

❷ うらやましい 부럽다

상대방에게 좋은 일이 있다는 것을 들었을 때 それはよかった(그거 잘됐다), いいなあ(좋겠다), うらやましい(부럽다)라는 말로 대답할 수 있습니다.

❸ 十分だ 충분하다

한자로는 十分이라고 쓰고 じゅうぶん이라고 읽습니다.

예 A もっと食べてよ。 더 먹어.
　B お腹いっぱいで、もう十分だ。 배부르고, 이제 충분해.

1 다음을 잘 듣고, 밑줄 친 곳에 들어갈 말을 적어 보세요.

1 _____ 指輪ですね。

　① やさしい　　② してきな　　③ すてきな　　④ うらやましい

2 ルミ子さんは何を_____んですか。

　① くれた　　② もらった　　③ した　　④ あげた

3 _____記念日に主人がプレゼントしてくれたんです。

　① けこん　　② けっこん　　③ げこん　　④ げっこん

2 일본어로 쓰고, 소리 내어 말해 보세요.

1 나는 그에게 선물을 주었습니다. _____

　힌트 プレゼント 선물

2 친구가 숙제를 도와주었습니다. _____

　힌트 宿題(しゅくだい) 숙제　手伝(てつだ)う 돕다　~てくれる ~해 주다

3 볼일이 있어서 먼저 가겠습니다. _____

　힌트 用事(ようじ) 볼일　~ので ~해서(이유)　お先(さき)に失礼(しつれい)する 먼저 가다

3 ★에 들어갈 알맞은 말을 고르세요.

1 _____ _____ _____ __★__ました。

　① もらっちゃい　② 主人に　　③ バラの花束を　④ プレゼントと

2 私は_____ _____ _____ __★__あげました。

　① に　　② 教えて　　③ 日本語を　　④ キムさん

3 ちょっと無理_____、__★__ _____ _____んです。

　① 高価な　　② 買ってあげた　　③ 腕時計を　　④ して

Day 07

就活で忙しいようです。

: 구직 활동으로 바쁜 것 같아요.

지갑이 떨어질 것 같아요

앗, 전에도
잃어버린 적이 있는데

MP3와 강의를
들어보세요!

공부 순서

동영상 강의
☐ ☐ ☐

MP3 듣기
☐ ☐ ☐

본책 학습
☐ ☐ ☐

복습용 동영상
☐ ☐ ☐

단어장
☐ ☐ ☐

단어암기 동영상
☐ ☐ ☐

핵심 문장 익히기

1

ポケットから財布が落ちそうです。

さい ふ   お

주머니에서 지갑이 떨어질 것 같아요.

～そうだ (금방이라도) ～할 것 같다, ～할 것 같이 보인다 양태

～そうだ는 주로 불확실한 미래의 상황을 추측하는 경우에 쓰입니다. 직감, 예감 등에 의해 추측하는 표현이므로 과거의 사실에 대한 추측에는 쓸 수가 없습니다.

종류	접속 방법	기본형	➡ ～そうだ
동사	동사의 ます형 +そうだ	降る 내리다 消える 사라지다 する 하다 来る 오다	➡ 降りそうだ 내릴 것 같다 ➡ 消えそうだ 사라질 것 같다 ➡ しそうだ 할 것 같다 ➡ 来そうだ 올 것 같다
い형용사	어미 い 떼고 +そうだ	おいしい 맛있다	➡ おいしそうだ 맛있을 것 같다
な형용사	어미 だ 떼고 +そうだ	素敵だ 멋지다	➡ 素敵そうだ 멋질 것 같다

예외 형용사 중에서 よい와 ない는 예외적인 활용을 합니다.
- よい ➡ よさそうだ 좋을 것 같다
- ない ➡ なさそうだ 없을 것 같다

예 今度の試験には受かりそうです。 이번 시험에는 붙을 듯합니다.
こん ど   し けん   う

この店、高そうです。 이 가게, 비싸 보여요.
みせ たか

赤ちゃん、とても元気そうですね。 아기가 매우 건강해 보이네요.
あか   げん き

➲ **추측 표현** 157쪽 참고

왕초보 탈출 tip

'～라고 한다'라는 뜻의 ～そうだ와 구분하여 알아 두세요.

➲ 47쪽 참고

～そうな + 명사

～そうだ 뒤에 명사가 연결될 때는 ～そうな의 형태가 됩니다.

예 おもしろそうな本ですね。
              ほん
재미있어 보이는 책이네요.

단어

ポケット 호주머니
財布(さいふ) 지갑
落(お)**ちる** 떨어지다
試験(しけん)**に受**(う)**かる**
　시험에 붙다, 시험에 합격하다
店(みせ) 가게, 상점
高(たか)**い** 비싸다
赤(あか)**ちゃん** 아기
とても 아주, 매우
元気(げんき)**だ** 건강하다

확인문제

❶ ポケットから財布が落ち_____です。 주머니에서 지갑이 떨어질 것 같아요.
          さい ふ   お

❷ この店、_____そうです。 이 가게, 비싸 보여요.
      みせ

정답

① そう　② 高
　　　　　たか

86

2

ポケットに入(い)れない方(ほう)がいいんじゃないですか。

주머니에 넣지 않는 편이 좋지 않아요?

～ない方(ほう)がいい ～하지 않는 편이 좋다

동사의 ない형에 方がいい를 붙이면 '～하지 않는 편이 좋다'라는 뜻이 됩니다.

➔ **동사의 ない형** 24쪽 참고

例 **この道(みち)は夜(よる)、通(とお)らない方(ほう)がいいです。**

이 길은 밤에 지나가지 않는 편이 좋습니다.

ゴールデンウィークは混(こ)んでるから、観光地(かんこうち)に行(い)かない方(ほう)がいい。

황금연휴는 붐비니까 관광지에 가지 않는 편이 좋다.

お酒(さけ)はあまり飲(の)まない方(ほう)がいいですよ。

술은 그다지 마시지 않는 편이 좋아요.

初(はじ)めて会(あ)った人(ひと)に、年齢(ねんれい)は聞(き)かない方(ほう)がいい。

처음 만난 사람에게 나이는 묻지 않는 편이 좋아.

いいんじゃないですか 좋지 않아요?, 좋잖아요?

いいんじゃないですか는 대화 속에서 가벼운 동의를 구하거나 별문제 없음을 부드럽게 표현할 때 씁니다.

例 **髪(かみ)、ばっさり切(き)るのもいいんじゃないですか。**

머리 확 자르는 것도 좋지 않아요?

今(いま)のままでいいんじゃないですか。 지금 이대로 좋잖아요?

확인문제

❶ **お酒(さけ)はあまり飲(の)まない＿＿＿＿＿＿＿がいいです。**

술은 그다지 마시지 않는 편이 좋습니다.

❷ **ポケットに＿＿＿＿＿＿＿方(ほう)がいい。** 주머니에 넣지 않는 편이 좋다.

～た方(ほう)がいい
～하는 편이 좋다

동사 た형에 方がいい를 붙이면 '～하는 편이 좋다'는 뜻입니다.

例 **牛乳(ぎゅうにゅう)は毎日(まいにち)、飲(の)んだ方(ほう)がいいです。**

우유는 매일 마시는 편이 좋습니다.

時々(ときどき)、スポーツをした方(ほう)がいい。 가끔 운동을 하는 편이 좋다.

단어

入(い)れる 넣다

道(みち) 길

夜(よる) 밤

通(とお)る 지나가다

ゴールデンウィーク 골든위크
(4월말~5월초 일본의 연휴)

混(こ)む 붐비다, 혼잡하다

観光地(かんこうち) 관광지

あまり 그다지, 별로

初(はじ)めて 처음

年齢(ねんれい) 나이, 연령

髪(かみ)を切(き)る 머리를 자르다

ばっさり 싹둑, 싹

牛乳(ぎゅうにゅう) 우유

毎日(まいにち) 매일

時々(ときどき) 가끔, 때때로

スポーツ 스포츠, 운동

정답

① 方(ほう) ② 入(い)れない

핵심 문장 익히기

3

□□□ 듣고 말하기 **MP3 07-03**

しゅうかつ いそが
就活で忙しいようです。

구직 활동으로 바쁜 것 같아요.

～ようだ (확실히) ～할[한] 것 같다, ～할[한] 모양이다

자신이 미리 보거나 들은 것을 통해 얻은 근거를 바탕에 두고 추측하는 표현으로, 비교적 확실한 추측일 경우에 씁니다.

종류	접속 방법		기본형	➡ ～ようだ
동사	현재 기본형 과거 ～た	+ようだ	書く 쓰다 飲む 마시다	➡ 書くようだ 쓰는 것 같다 ➡ 飲んだようだ 마신 것 같다
い형용사	현재 기본형 과거 ～かった	+ようだ	遠い 멀다 おいしい 맛있다	➡ 遠いようだ 먼 것 같다 ➡ おいしかったようだ 맛있었던 것 같다
な형용사	현재 ～な 과거 ～だった	+ようだ	便利だ 편리하다 素敵だ 멋지다	➡ 便利なようだ 편리한 것 같다 ➡ 素敵だったようだ 멋졌던 것 같다
명사	현재 ～の 과거 ～だった	+ようだ	先生 선생 子ども 아이	➡ 先生のようだ 선생님인 것 같다 ➡ 子どもだったようだ 아이였던 것 같다

～のような＋명사

～ようだ 뒤에 명사가 오면 ～のような의 형태가 됩니다.

例 例えばスポーツ選手のような人が好きです。
예를 들어 스포츠 선수 같은 사람을 좋아합니다.

チョコレートやケーキのような甘い物が好きです。
초콜릿이나 케이크와 같은 단것을 좋아합니다.

例 보고 あっ、救急車ですよ。事故のようです。
앗, 구급차네요. 사고인 것 같습니다.

듣고 足音がしますね。誰か来たようです。
발소리가 나네요. 누가 온 것 같습니다.

내부감각 この子は熱があるようです。
이 아이는 열이 있는 것 같습니다.

もう7時ですね。きょうは彼、来ないようです。
벌써 7시군요. 오늘은 그 사람 안 올 것 같습니다. 〈추량〉

社長がさっきから怒鳴っていますが、かなり怒っているようですね。
사장님이 아까부터 소리치고 있는데, 꽤 화나 있는 것 같네요. 〈단정을 피함〉

彼女の顔はまるで人形のようです。 그녀의 얼굴은 마치 인형 같아요. 〈비유〉

➜ 추측 표현 157쪽 참고

단어

就活(しゅうかつ) 구직 활동
(就職活動 취직활동의 줄임)

忙(いそが)しい 바쁘다

救急車(きゅうきゅうしゃ) 구급차

事故(じこ) 사고

足音(あしおと) 발소리

誰(だれ)か 누군가

熱(ねつ)がある 열이 있다

さっきから 아까부터

怒鳴(どな)る 호통치다, 고함치다

かなり 꽤

怒(おこ)る 성내다, 화내다

まるで 마치

人形(にんぎょう) 인형

例(たと)えば 예를 들면, 가령

選手(せんしゅ) 선수

チョコレート 초콜릿

甘(あま)い物(もの) 단것

88

4

できれば海外勤務がしたいと言ってました。

가능하면 해외 근무를 하고 싶다고 했어요.

〜と言ってました 〜라고 말했습니다

〜と言う(〜라고 말하다)라는 표현을 이용해 들은 것을 전할 때 〜と言っていました (〜라고 말했습니다)라고 하는데, 회화에서는 〜と言ってました 또는 〜って言ってま した의 형태가 많이 쓰입니다.

예 彼は行くと言っていました。

그는 간다고 했습니다.

吉田さんはあした試験があると言っていました。

요시다 씨는 내일 시험이 있다고 말했습니다.

きょうは午後から雨だと言っていました。

오늘은 오후부터 비라고 말했습니다.

試験はすごく難しかったと言っていました。

시험은 굉장히 어려웠다고 말했습니다.

왕초보 탈출 tip

'〜라고 말했습니다'라고 말할 때 〜と言いました라고 잘못 말 하는 경우가 종종 있는데, 이것은 뉴스에서 '(대통령이) 〜라고 말했 습니다'라고 전하는 것과 같습니 다. 일상 회화에서는 보통 〜と 言っていました라고 합니다.

단어

できれば 가능하면

海外勤務(かいがいきんむ) 해외 근무

試験(しけん) 시험

午後(ごご) 오후

雨(あめ) 비

すごく 굉장히, 몹시

難(むずか)**しい** 어렵다

 **확인 문제**

❶ 海外勤務がしたいと _____ てました。 해외 근무를 하고 싶다고 했습니다.

❷ あした試験が _____ と言ってました。 내일 시험이 있다고 말했습니다.

정답

① 言っ ② ある

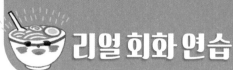

☑□□ 듣기 **MP3** 07-05 　 □□□ 회화 훈련 **MP3** 07-06

1

ポケットから財布が落ちそうです。

주머니에서 지갑이 떨어질 것 같아요.

(1) 이번 시험에는 합격할 것 같습니다.

今度の試験には 受かる　　　　　　　　　　そうです。

(2) 이 가게, 맛있을 것 같아.

この店、 おいしい　　　　　　　　　　そう。

(3) 그는 아주 건강해 보이네요.

彼はとても 元気だ　　　　　　　　そうですね。

(4) 비가 올 것 같아요.

雨が 降る　　　　　　　　そうです。

□□□ 듣기 **MP3** 07-07 　 □□□ 회화 훈련 **MP3** 07-08

2

ポケットに入れない方がいいです。

주머니에 넣지 않는 편이 좋아요.

(1) 이 길은 밤에 지나가지 않는 편이 좋아.

この道は夜、 通る　　　　　　方がいい。

(2) 저 가게는 맛이 없으니까 안 가는 게 좋아.

あの店はおいしくないから、 行く　　　　　方がいい。

(3) 술은 그다지 안 마시는 게 좋아요.

お酒はあまり 飲む　　　　　　方がいいです。

(4) 처음 만난 사람에게 나이는 묻지 않는 편이 좋아요.

初めて会った人に、年齢は 聞く　　　　　方がいいです。

3

しゅうかつ いそが
就活で忙しいようです。

구직 활동으로 바쁜 것 같아요.

(1) 누가 온 것 같습니다.

だれ
誰か 来る   **ようです。**

(2) 열이 있는 것 같아요.

ねつ
熱が ある   **ようです。**

(3) 엄마는 상당히 화가 나 있는 것 같아.

かあ
お母さんはかなり 怒る   **ようだ。**

(4) 교실에 아무도 없네. 오늘은 수업이 없는 것 같아.

きょうしつ だれ じゅぎょう
教室に誰もいないね。きょうは授業が ない   **ようだ。**

4

かれ い い
彼は行くと言ってました。

그는 간다고 말했습니다.

(1) 요즘 너무 바빠서 힘들다고 말했습니다.

さいきん いそが
最近、とても忙しくて 大変だ   **と言ってました。**

(2) 내일 시험이 있다고 했어요.

しけん
あした、試験が ある   **と言ってました。**

(3) 오늘은 오후부터 비라고 했어요.

ご ご
きょうは午後から 雨   **と言ってました。**

(4) 시험은 엄청 어려웠다고 말했어요.

しけん
試験はすごく 難しい   **と言ってました。**

도전! 실전 회화

☑□□ 듣기 MP3 07-13　　□□□ 회화 훈련 MP3 07-14

岡村さん、ポケットから財布が落ちそうですよ。
오카무라 씨　　주머니　　～에서　지갑이　　떨어지다　～(할) 것 같아요

あっ、どうも。前にも財布をなくしたことがあるんです❶。
앗, 어머　고마워요　전　～에도　지갑을　잃어버렸다　～한 적이 있다　～거든요

ポケットに入れない方がいいんじゃないですか。
주머니에　　　　넣다　～하지 않는 편이　좋다　　～지 않습니까?

またなくすかもしれませんよ❷。
또　　잃어버리다　～일지도 몰라요

涼子さんにもそう言われました❸。
료코 씨　　～에게도　그렇게　말하여졌습니다(그런 말을 들었습니다)

そういえばこの頃、涼子さん、見かけませんね❹。
그러고 보니　　요즘　　료코 씨　　보이지 않네요

就活で忙しいようです。なかなか大変そうですよ。
구직 활동 ～으로 바쁘다　～한 것 같습니다　꽤　　힘들다　～할 것 같아요

そうですか。彼女は真面目で、何でも完璧にやる人だから、
그렇습니까?　　그녀는　성실하다 ～하고 무엇이든지 완벽하게　하는 사람 ～이니까

いい会社に就職できるでしょう。
좋은　회사에　취직　할 수 있다 ～겠지요

できれば海外勤務がしたいと言ってました。
가능하면　해외 근무　～를 하고 싶다　～라고 말했습니다

そしたら会えなくなって、さびしいなあ❺。
그러면　만날 수 없다 ～하게 되어　외롭다　～구나

🪭 단어 뜻을 적어 보세요

ポケット _____	財布(さいふ) _____	落(お)ちる _____	どうも 고마워요
前(まえ)にも 전에도	なくす 잃어버리다	入(い)れる _____	～かもしれない ～일지 모른다
そういえば 그러고 보니	この頃(ごろ) 요즘	見(み)かける 눈에 띄다	就活(しゅうかつ) 구직 활동(= 就職活動(しゅうしょくかつどう))
なかなか 좀처럼	大変(たいへん)だ 힘들다	真面目(まじめ)だ 성실하다	完璧(かんぺき)だ 완벽하다
就職(しゅうしょく) 취직	できれば _____	海外勤務(かいがいきんむ) _____	さびしい 외롭다, 쓸쓸하다

92

지은	오카무라 씨, 주머니에서 지갑이 떨어질 것 같아요.
오카무라	아, 고마워요. 전에도 지갑을 잃어버린 적이 있거든요.
지은	주머니에 넣지 않는 편이 좋지 않아요? 또 잃어버릴지도 몰라요.
오카무라	료코 씨한테도 그런 말 들었어요.
지은	그러고 보니 요즘 료코 씨 안 보이네요.
오카무라	구직 활동으로 바쁜 것 같아요. 꽤 힘든 것 같아요.
지은	그래요? 그녀는 성실하고 뭐든지 완벽하게 하는 사람이니까 좋은 회사에 취직할 수 있을 거예요.
오카무라	가능하면 해외 근무를 하고 싶다고 하더라고요.
지은	그러면 못 만나게 되니 서운하네.

point

❶ ～ことがあるんです ～한 적이 있어요
'동사의 た형＋ことがある'는 '～한 적이 있다'라는 경험을 나타냅니다.

❷ ～かもしれませんよ 잃어버릴지도 몰라요
～かもしれません은 '～일지도 몰라요'라는 뜻입니다. 반말로 '～일지도 몰라'라고 할 때는 ～かもしれない라고 합니다.

❸ そう言われました 그렇게 말하여졌습니다
言う(말하다)의 수동형 言われる는 '말하여지다', '～ 말을 듣다'라는 뜻입니다.
➡ 117쪽 참고

❹ 見かけませんね 보이지 않네요
見かける는 '눈에 띄다', '가끔 보다', '만나다'라는 뜻입니다. 見かけません은 '보지 못했습니다', '못 만났습니다'라는 뜻이 됩니다.

❺ さびしいなあ 서운하네, 섭섭하네
さびしい는 혼자여서 '외롭다', '쓸쓸하다'라는 의미 외에도, 오랜 기간 함께했던 사람과 헤어져서 '아쉽다', '허전하다', '서운하다'라는 뜻도 있습니다.

듣고 말하기 🎧 MP3 07-15

1 다음을 잘 듣고, 밑줄 친 곳에 들어갈 말을 적어 보세요.

1 ポケットから財布が＿＿＿＿＿そうです。

① うち　　　② おち　　　③ もち　　　④ まち

2 この頃、涼子さん、＿＿＿＿＿ね。

① 見えます　② 見えません　③ 見かけます　④ 見かけません

3 そしたら会えなくなって、＿＿＿＿＿なあ。

① さびしい　② うれしい　③ たのしい　④ おもしろい

쓰고 말하기

2 일본어로 쓰고, 소리 내어 말해 보세요.

1 이 가게는 비싸 보입니다.　＿＿＿＿＿＿＿＿＿＿＿＿＿

　힌트 店(みせ) 가게　高(たか)い 비싸다　～そうだ ～할 것 같다

2 열이 있는 것 같습니다.　＿＿＿＿＿＿＿＿＿＿＿＿＿

　힌트 熱(ねつ) 열　～ようだ ～한 것 같다

3 시험은 굉장히 어려웠다고 말했습니다.　＿＿＿＿＿＿＿＿＿＿＿＿＿

　힌트 試験(しけん) 시험　すごく 굉장히　難(むずか)しい 어렵다　～と言(い)っていました ～라고 말했습니다

시험 대비 문법

3 ★에 들어갈 알맞은 말을 고르세요.

1 ＿＿＿＿＿ ＿＿＿＿＿ ＿★＿＿＿ ＿＿＿＿＿ですか。

① 方が　　　② 入れない　　　③ ポケットに　　　④ いいんじゃない

2 前にも＿＿＿＿ ＿★＿＿ ＿＿＿＿ ＿＿＿＿んです。

① なくした　② ある　　　③ 財布を　　　④ ことが

3 彼女は＿＿＿＿、＿＿＿＿ ＿＿＿＿ ＿★＿人だから。

① 完璧に　　② 何でも　　　③ やる　　　④ 真面目で

➡ 정답 171쪽

雨に降られて、濡れてしまったんです。

: 비를 맞아서 젖고 말았어요.

다 젖었네요

갑자기 비가 와서

공부 순서

동영상 강의	MP3 듣기	본책 학습	복습용 동영상
□ □ □	□ □ □	□ □ □	□ □ □

단어장	단어암기 동영상
□ □ □	□ □ □

핵심 문장 익히기

1

雨に降られてしまいました。
あめ　ふ

비를 맞고 말았어요.

～(ら)れる ～당하다, ～되다, (피해 · 영향을) 받다 동사의 수동형

수동형 ～れる/～られる는 어떤 동작의 영향을 받을 때 쓰는 표현으로, 능동문으로 해석하는 것이 자연스러울 때도 있습니다.

종류	접속 방법	기본형	➡ 수동형
1그룹 동사	어미를 あ단으로 +れる	言う 말하다 書く 쓰다 死ぬ 죽다 踏む 밟다 かむ 물다 知る 알다 叱る 꾸짖다	➡ 言われる (말해지다), 말을 듣다 ➡ 書かれる 쓰여지다 ➡ 死なれる ～를 여의다(상대의 죽음을 겪다) ➡ 踏まれる 밟히다 ➡ かまれる 물리다 ➡ 知られる 알려지다 ➡ 叱られる 꾸중을 듣다
2그룹 동사	어미 る 떼고 +られる	捨てる 버리다 ほめる 칭찬하다	➡ 捨てられる 버려지다 ➡ ほめられる 칭찬 받다
3그룹 동사		する 하다 来る 오다	➡ される 당하다, 되다, (～을) 받다 ➡ 来られる (달갑지 않은 사람이) 오다

예 **先生は私を叱りました。** 선생님은 나를 꾸짖었습니다.
せんせい わたし しか

➡ **私は先生に叱られました。** 나는 선생님에게 꾸중을 들었습니다.
わたし せんせい しか

コーヒーはたくさんの人に飲まれています。
ひと の

많은 사람들이 커피를 마시고 있습니다. (무생물이 주어)

다음 두 문장과 같이 자동사로 만들어지는 수동 표현은, 직접 자신에게 행한 것은 아니지만 결과적으로 어떤 피해를 입었다는 기분을 나타냅니다.

예 **雨に降られて、ぜんぶ濡れてしまった。** 비가 와서 다 젖어 버렸다.
あめ ふ ぬ

友達に来られて、勉強できなかった。 친구가 와서 공부할 수 없었다.
ともだち こ べんきょう

존경의 ～(ら)れる

동사의 수동형 ～(ら)れる가 상대방을 높여 주는 존경의 의미로 사용되기도 합니다.

예 **先生が来られる。**
せんせい こ

선생님이 오신다.

どこに行かれますか。
い

어디에 가십니까?

단어

雨(あめ)が降(ふ)る 비가 오다

雨(あめ)に降(ふ)られる 비를 맞다

叱(しか)る 꾸짖다, 혼내다

コーヒー 커피

たくさんの人(ひと) 많은 사람

ぜんぶ 전부, 다

濡(ぬ)れる 젖다

2

遠慮_{えんりょ}なさらないでください。

사양하시지 마세요.

なさる 하시다

する(하다)의 존경어인 なさる는 '하시다'라는 뜻입니다. なさる의 ます형은 なさいます가 됩니다.

예 何_{なに}になさいますか。 (주문 등) 무엇으로 하시겠습니까?

先生_{せんせい}、旅行_{りょこう}の準備_{じゅんび}はなさいましたか。 선생님, 여행 준비는 하셨어요?

➡ **동사의 존경어** 136쪽 참고

～ないでください ～하지 마세요

어떤 행동을 하지 말아 달라고 부탁할 때 사용하는 표현입니다. しないでください(하지 마세요)의 공손한 표현이 なさらないでください(하시지 마세요)입니다.

➡ **동사의 ない형** 24쪽 참고

예 ここで写真_{しゃしん}を撮_とらないでください。 여기서 사진을 찍지 말아 주세요.

もう来_こないでください。 이제 오지 마세요.

心配_{しんぱい}なさらないでください。 걱정하시지 마세요.

誤解_{ごかい}なさらないでください。 오해하시지 마세요.

お気_きになさらないでください。 신경 쓰시지 마세요.

～てください
～해 주세요

예 ここに書_かいてください。
여기에 적어 주세요.
早_{はや}く来_きてください。
빨리 와 주세요.

단어

遠慮(えんりょ)**する** 사양하다

旅行(りょこう) 여행

準備(じゅんび) 준비

写真(しゃしん)**を撮**(と)**る**
사진을 찍다

心配(しんぱい) 걱정

誤解(ごかい) 오해

気(き)**にする** 신경 쓰다

확인 문제

❶ 去年_{きょねん}、結婚_{けっこん}＿＿＿＿＿ました。 작년에 결혼하셨습니다.

❷ 遠慮_{えんりょ}＿＿＿＿＿でください。 사양하시지 마세요.

정답

① なさい ② なさらない

□□□ 듣고 말하기 **MP3** 08-03

3

濡れたままだと、風邪を引きます。

계속 젖은 채로 있으면 감기에 걸립니다.

동사의 た형 + **まま** ～한 채(로)

동사의 た형에 まま를 붙이면 '～한 채'라는 의미로, 어떤 상태가 바뀌지 않고 그대로 유지되어 있음을 나타냅니다. 濡れる(젖다)의 과거형 濡れた 뒤에 まま를 붙여 '젖은 채(로)'라는 뜻이 되었습니다. 명사와 접속할 때는 '명사+のまま'의 형태가 됩니다.

→ **동사의 た형** 23쪽 참고

예 メガネをかけたまま、顔を洗ってしまった。
　　안경을 낀 채로 세수를 하고 말았다.

窓を開けたまま、出かけました。 창문을 연 채로 외출했습니다.

ここは車に乗ったまま、ハンバーガーが買えます。
이곳은 차에 탄 채로 햄버거를 살 수 있어요.

椅子に座ったまま、寝てしまった。
의자에 앉은 채로 자 버렸다.

久しぶりに会った友達は昔のままでした。
오랜만에 만난 친구는 옛날 그대로였습니다.

감기증상

熱が出る 열이 나다
咳が出る 기침이 나오다
鼻水が出る 콧물이 나오다
のどが痛い 목이 아프다
寒気がする 으슬으슬 춥다
悪寒がする 오한이 나다

インフルエンザ 독감

단어

風邪(かぜ)を引(ひ)く 감기 걸리다
メガネをかける 안경을 쓰다
顔(かお)を洗(あら)う 세수하다
窓(まど)を開(あ)ける 창문을 열다
出(で)かける 외출하다
車(くるま)に乗(の)る 차를 타다
ハンバーガー 햄버거
椅子(いす) 의자
座(すわ)る 앉다
久(ひさ)しぶりに 오랜만에
昔(むかし) 옛날

 확인문제

❶ 窓を開けた＿＿＿＿＿出かけました。 창문을 연 채로 외출했습니다.

❷ 椅子に＿＿＿＿＿まま寝てしまった。 의자에 앉은 채로 자 버렸다.

정답

① まま　② 座った

98

4

迷惑をかけっぱなしで、すみません。
めいわく

민폐만 끼쳐서 죄송합니다.

동사의 ます형 + っぱなし　계속 ~한 상태, 계속 ~인 채

동사의 ます형에 っぱなし를 붙이면 '~한 채로'라는 뜻으로, 그 뒤에 당연히 해야 하는 것을 하지 않고 있음을 나타냅니다. 주로 회화에 쓰이는 표현으로, 그 상태가 쭉 이어지고 있다는 의미입니다. ～まま(~인 채)와 다른 점은 ～っぱなし가 부정적인 뉘앙스로 사용된다는 것입니다.

→ **동사의 ます형** 18쪽 참고

예 同じ服を三日も着っぱなしだ。 같은 옷을 3일이나 (계속) 입은 채다.
おな ふく みっか き

水を出しっぱなしにしないでください。 물을 튼 상태로 두지 마세요.
みず だ

窓を開けっぱなしにして寝た。 창문을 열어 둔 채로 잤다.
まど あ ね

立ちっぱなしの仕事なので疲れる。 계속 서서 하는 일이라서 피곤하다.
た しごと つか

講演会では2時間話しっぱなしで、とても疲れた。
こうえんかい に じ かんはな つか
강연회에서는 두 시간 동안 계속 이야기해서 매우 피곤했다.

사과 표현

どうもすみません。
정말 미안합니다.

失礼いたしました。
しつれい
실례했습니다.

申し訳ございません。
もう わけ
정말 죄송합니다.

いえ、大丈夫です。
だいじょうぶ
아니요, 괜찮습니다.

단어

迷惑(めいわく)**をかける** 폐를 끼치다

同(おな)**じだ** 같다

服(ふく) 옷

着(き)**る** (옷을) 입다

水(みず)**を出**(だ)**す** 물을 틀다

立(た)**つ** 서다

疲(つか)**れる** 피로하다, 피곤하다

講演会(こうえんかい) 강연회

話(はな)**す** 말하다

 확인 문제

❶ 迷惑をかけ _____ で…。 민폐만 끼치고……
めいわく

❷ 窓を _____ っぱなしにして寝た。 창문을 열어 둔 채로 잤다.
まど ね

정답

① っぱなし　② 開け
あ

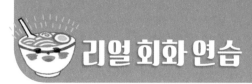

☑□□ 듣기 **MP3** 08-05　　□□□ 회화 훈련 **MP3** 08-06

1

あめ ふ ぬ
雨に降られて濡れてしまいました。

비를 맞아서 젖어 버렸어요.

(1) 아줌마한테 발을 밟혀서 아팠어.

あし い いた
おばさんに足を ~~踏む~~ 　　　　　　　　　痛かった。

(2) 선생님한테 혼나서 기운이 없어.

せんせい げん き
先生に ~~叱る~~ 　　　　　　　　　元気がない。

(3) 친구가 와 버려서 곤란했어요.

ともだち こま
友達に ~~来る~~ 　　　　　　　　　困りました。

(4) 모기에 물려서 가려워.

か
蚊に ~~刺す~~ 　　　　　　　　　かゆい。

□□□ 듣기 **MP3** 08-07　　□□□ 회화 훈련 **MP3** 08-08

2

えんりょ
遠慮なさらないでください。

사양하시지 마세요.

(1) 여기서 사진을 찍지 마세요.

しゃしん
ここで写真を ~~撮る~~ 　　　　　　　　　ください。

(2) 이제 오지 마세요.

もう ~~来る~~ 　　　　　　　　　ください。

(3) 무리하지 마세요.

む り
無理 ~~する~~ 　　　　　　　　　ください。

(4) 신경 쓰시지 마세요.

き
お気に ~~なさる~~ 　　　　　　　　　ください。

3

濡れたまま帰ってきました。

(계속) 젖은 채로 집에 돌아왔습니다.

(1) 컴퓨터를 켠 채로 잠들어 버렸습니다.

パソコンを つける　　　　　　　　　　寝てしまいました。

(2) 창문을 연 채로 외출했어요.

窓を 開ける　　　　　　　　　　出かけました。

(3) 저 가게에서는 차에 탄 채로 커피를 살 수 있어요.

あの店では、車に 乗る　　　　　　　　　コーヒーが買えます。

(4) 우동을 선 채로 먹었어요.

うどんを 立つ　　　　　　　　　食べました。

4

迷惑をかけっぱなしで、すみません。

민폐만 끼쳐서 죄송합니다.

(1) 전기를 계속 켜 놓지 말고 제대로 끕시다.

電気を つける　　　　　　　　にしないで、ちゃんと消しましょう。

(2) 문을 열어 둔 채로 있었더니 고양이가 들어왔어.

ドアを 開ける　　　　　　　　にしていたら、猫が入ってきた。

(3) 하루 종일 계속 서 있는 채로 강의를 하고 있어요.

一日中 立つ　　　　　　　　　で講義をしています。

(4) 설거지를 할 때는 물을 튼 채로 하지 않도록 합시다.

お皿を洗う時は、水を 出す　　　　　　　にしないようにしましょう。

도전! 실전 회화

先生、ずぶ濡れじゃないですか。
선생님　홀딱 젖음　　　～이 아닙니까?

雨に降られてね。
비에　내림을 받아서, 맞아서

おまけに❶車に泥をはねられてしまって❷。
게다가　　　　차에　진흙을　튀어지게 되다　～해 버려서

これ、よかったらどうぞ。
이거　　　괜찮다면　　　　자, 하세요

いや、そんなきれいなハンカチ、汚しちゃ悪いから。
아냐　　　그런　　깨끗한　　　손수건　　　더럽혀선(=汚しては) 미안하다 ～니까

遠慮なさらないで、どうぞ。
사양　　하시지 말고　　　　　자, 하세요

濡れたままだと、風邪引きますよ。
젖었다　～인 채 ～이라면　감기　걸립니다

すぐそこにコンビニがあるんで、タオル買ってきます。
바로 거기에, 바로 옆에　편의점이　　　　있다　～니까(이유)　타월　사　　　오겠습니다

すまない❸ね。
미안하네

迷惑かけちゃって。
민폐　　끼치다　～해 버려서

단어 뜻을 적어 보세요

ずぶ濡(ぬ)れ 흠뻑 젖음　**雨(あめ)に降(ふ)られる** _____　**おまけに** 게다가, 그 위에　**泥(どろ)** 진흙, 흙

はねる 튀다, 뛰어오르다　**いや** 아니, 아냐　**きれいだ** 깨끗하다, 예쁘다　**ハンカチ** 손수건

汚(よご)す 더럽히다　**～ちゃ** ～해서는(=～ては)　**悪(わる)い** 미안하다　**遠慮(えんりょ)なさる** _____

濡(ぬ)れる _____　**風邪(かぜ)を引(ひ)く** _____　**すぐそこ** 바로 옆　**コンビニ** 편의점

タオル 타월　**すまない** 미안하다　**迷惑(めいわく)をかける** _____

지은 　선생님, 다 젖은 거 아니에요?

선생님 　비를 맞는 바람에.
　　　　게다가 자동차 흙탕물이 튀어 버려서.

지은 　이거, 괜찮으면 쓰세요.

선생님 　아냐, 그렇게 깨끗한 손수건. 더럽히면 미안하니까.

지은 　사양하시지 말고 쓰세요.
　　　　계속 젖은 채로 있으면 감기 걸려요.
　　　　바로 옆에 편의점이 있으니까 타월 사 올게요.

선생님 　미안하군.
　　　　민폐 끼치게 되서.

---

point

❶ おまけに 게다가
여기서 おまけに는 '게다가', '그 위에'라는 뜻입니다. お負け는 '덤', '1+1 상품', '값을 깎음'의 뜻도 있습니다.
예) 雰囲気も良くて、料理もおいしい。おまけに、値段も
　　リーズナブル！
　　분위기도 좋고 요리도 맛있다. 게다가 가격도 합리적!

❷ 泥をはねられてしまって 흙탕물이 튀어서
はねる(튀다, 뛰어오르다)의 수동형 はねられる(튀기다)에 ～てしまって가 연결된 형태로, 자동차 때문에 흙탕물이 튀었다는 뉘앙스를 줍니다.

❸ すまない 미안하다
すまない는 '미안하다'라는 뜻입니다. 상대방이 손아랫사람이거나 친하지 않은 사람이라면 すみません(미안합니다, 죄송합니다)을 써야 합니다.
예) あの人にはすまない事をした。
　　저 사람에게는 미안한 짓을 했다.
　　いつも何かと気をつかってもらってすまない。
　　언제나 여러모로 마음을 쓰게 해서 미안해.

🎧 듣고 말하기 🎧 MP3 08-15

1 다음을 잘 듣고, 밑줄 친 곳에 들어갈 말을 적어 보세요.

1 おばさんに＿＿＿＿＿を踏まれました。

　① あたま　　　② あし　　　　③ はし　　　　④ くつ

2 ＿＿＿＿＿なさらないで、どうぞ。

　① えんりょ　　② えんりょう　　③ しんぱい　　④ しんばい

3 ＿＿＿＿＿をかけっぱなしで、すみません。

　① めわい　　　② めいわく　　③ くろう　　　④ めんどう

📝 쓰고 말하기

2 일본어로 쓰고, 소리 내어 말해 보세요.

1 선생님께 꾸중을 들었습니다.　＿＿＿＿＿＿＿＿＿＿＿＿＿＿

　힌트 先生(せんせい) 선생님　叱(しか)る 혼나다

2 창문을 연 채로 외출했습니다.　＿＿＿＿＿＿＿＿＿＿＿＿＿＿

　힌트 窓(まど) 창문　開(あ)ける 열다　出(で)かける 나가다, 외출하다

3 창문을 열어 둔 채로 잤다.　＿＿＿＿＿＿＿＿＿＿＿＿＿＿

　힌트 ～っぱなしにして 계속 ～한 채로 하고　寝(ね)る 자다

📖 시험 대비 문법

3 ★에 들어갈 알맞은 말을 고르세요.

1 ＿＿＿＿＿ ＿★＿＿ ＿＿＿＿＿ ＿＿＿＿ました。

　① 濡れて　　　② 雨に　　　　③ しまい　　　④ 降られて

2 ＿＿＿★＿ ＿＿＿＿＿ ＿＿＿＿＿ ＿＿＿＿しまって。

　① 車に　　　　② はねられて　③ おまけに　　④ 泥を

3 ＿＿＿＿＿ ＿＿＿＿＿、＿＿★＿＿ ＿＿＿＿ますよ。

　① ままだと　　② 引き　　　　③ 濡れた　　　④ 風邪

Day 09

もう一度息子とよく話し合ってみます。

: 다시 한 번 아들과 잘 이야기해 보겠습니다.

축구 선수가
되고 싶어요

MP3와 강의를
들어보세요!

공부 순서

동영상 강의
☐ ☐ ☐

MP3 듣기
☐ ☐ ☐

본책 학습
☐ ☐ ☐

복습용 동영상
☐ ☐ ☐

단어장
☐ ☐ ☐

단어암기 동영상
☐ ☐ ☐

핵심 문장 익히기

1

じ ゆう
自由にさせてあげたらどうですか。

자유롭게 하게 해 주면 어때요?

～(さ)せる ～하게 하다, ～시키다 동사의 사역형

다른 사람에게 어떤 행위를 명령하거나 그대로 실행하게 하는 경우에 쓰입니다. 행위를 시키는 사람을 주어로 하고 행위를 하는 사람은 조사 に(…에게 ～하도록 하다)나 を(…를 ～하게 하다)를 써서 나타냅니다.

종류	만드는 방법	기본형	➡	사역형
1그룹 동사	어미를 あ단으로 +せる	笑う 웃다 書く 쓰다 泳ぐ 헤엄치다 待つ 기다리다 死ぬ 죽다 遊ぶ 놀다 飲む 마시다 踊る 춤추다	➡ ➡ ➡ ➡ ➡ ➡ ➡ ➡	笑わせる 웃기다 書かせる 쓰게 하다 泳がせる 헤엄치게 하다 待たせる 기다리게 하다 死なせる 죽게 하다 遊ばせる 놀게 하다 飲ませる 마시게 하다 踊らせる 춤추게 하다
2그룹 동사	어미 る 떼고 +させる	見る 보다 食べる 먹다 やめる 그만두다	➡ ➡ ➡	見させる 보게 하다 食べさせる 먹이다 やめさせる 그만두게 하다
3그룹 동사		する 하다 来る 오다	➡ ➡	させる 시키다 来させる 오게 하다

※ 1그룹 동사 やる(하다)의 사역형은 やらせる(시키다)입니다.

※ 見せる(보이다, 보여 주다), 着せる(입히다)는 사역의 뜻이 포함된 타동사입니다.
　見る의 사역형은 見させる(보게 하다), 着る(입다)의 사역형은 着させる(입게 하다)입니다.

せんせい　　がくせい　　せき
例 **先生は学生を席につかせました。** 선생님은 학생을 자리에 앉게 했습니다.

ともだち　いちじかん　ま
友達を1時間も待たせました。 친구를 한 시간이나 기다리게 했습니다.

かあ　　　　こ　　　　じゅく　い
お母さんは子どもを塾へ行かせます。 엄마는 아이를 학원에 보냅니다.

せんせい　がくせい　　　　　　　　　じゅっしゅうはし
先生は学生にグラウンドを10周走らせました。
선생님은 학생한테 운동장을 10바퀴 달리게 했습니다.

왕초보 탈출 tip

뒤에 목적어가 오는 경우에는 '(주어)는 (대상)에 (목적어)를 ～(さ)せる'의 형태로 말합니다.

はは おや　　こ　　　　　やさい　　た
例 **母親は子どもに野菜を食べさせました。**
어머니는 아이에게 야채를 먹였습니다.

じょうし　ぶか　　　　さけ
上司は部下にお酒をたくさん飲ませました。
상사는 부하에게 술을 많이 마시게 했습니다.

단어

自由(じゆう)にする 자유롭게 하다

～てあげる ～해 주다

席(せき)につく 자리에 앉다

待(ま)つ 기다리다

塾(じゅく) 학원

～へ ～으로, ～에

グラウンド 운동장

～周(しゅう) ～바퀴

走(はし)る 달리다

母親(ははおや) 어머니, 모친

野菜(やさい) 야채, 채소

上司(じょうし) 상사

部下(ぶか) 부하

たくさん 많이

2

うちの子はサッカーばかりしています。

우리 아이는 축구만 하고 있어요.

〜ばかり 〜만, 〜뿐

〜ばかり는 명사 뒤에서 '〜만', '〜뿐'의 뜻으로 쓰입니다. 〜だけ와 한국어 해석이 비슷하지만 뜻의 차이가 있습니다. 〜ばかり는 '주로', '많이'의 뉘앙스이며, 〜だけ는 오로지 '그것만'을 말합니다.

예 **日本のドラマばかり見ます。**

일본 드라마만 봅니다. (일본 드라마를 많이 보지만 다른 것도 본다는 뉘앙스)

cf. **日本のドラマだけ見ます。**

일본 드라마만 봅니다. (일본 드라마가 아닌 것은 보지 않는다는 뉘앙스)

びっくりする事ばかりでした。

놀라운 일뿐이었습니다.

勉強しないでサッカーばかりしている。

공부 안 하고 축구만 하고 있다.

→ だけ, しか, ばかり의 구분 162쪽 참고

〜たばかりだ
막 〜했다

〜ばかり가 과거형 동사 다음에 오면 '(이제) 막 〜함', '방금 〜함'의 뜻이 됩니다.

예 **起きたばかりで、まだ顔も洗っていないんです。**
막 일어나서 아직 얼굴도 못 씻었어요.

薬を飲んだばかりです。
방금 약을 먹었습니다.

단어

うちの子(こ) 우리 아이
サッカー 축구
ドラマ 드라마
びっくりする 놀라다
事(こと) 일
起(お)**きる** 일어나다
まだ 아직
顔(かお)**を洗**(あら)**う** 세수하다
薬(くすり)**を飲**(の)**む** 약을 먹다

🧄 확인 문제

❶ **勉強しないでサッカー_____している。** 공부 안 하고 축구만 하고 있다.

❷ **薬を_____ばかりです。** 방금 약을 먹었습니다.

정답

① ばかり ② 飲んだ

3

宿題をやったり遊んだりします。

숙제를 하거나 놀거나 합니다.

～たり …たりする ～하기도 하고 …하기도 하다, ～거나 …거나 하다

동사의 た형에 り를 붙여서 ～たり …たり라고 반복하면 '～하기도 하고 …하기도 하고', '～하거나 …하거나'라는 뜻이 됩니다.

→ 동사의 た형 23쪽 참고

예 昨日は買い物に行ったり、友達に会ったりしました。

어제는 쇼핑을 하기도 하고 친구를 만나기도 했습니다.

休みの日は本を読んだりテレビを見たりします。

쉬는 날은 책을 읽거나 TV를 봅니다.

～たり …たり 앞에 두 개의 대립하는 동사를 사용하여 반대의 동작이나 사건이 반복되는 것을 나타내기도 합니다.

예 子どもたちがプールから出たり入ったりして遊んでいます。

아이들이 수영장에서 나왔다 들어갔다 하며 놀고 있습니다.

たくさんの人が行ったり来たりしていた。

많은 사람들이 왔다 갔다 하고 있었다.

バスの中では立ったり座ったりしないでください。危ないですから。

버스 안에서는 앉았다 일어났다 하지 말아 주세요. 위험하니까요.

명사나 な형용사 뒤에서는 ～だったり가 되고, い형용사는 과거형(～かった)에 붙어서 ～かったり가 됩니다.

예 朝はパンと、牛乳だったりコーヒーだったりします。

아침은 빵이랑, 우유일 때도 있고 커피일 때도 있습니다.

この季節は暑かったり寒かったりする。

이 계절은 더웠다가 추웠다가 한다.

단어

宿題(しゅくだい) 숙제

やる 하다

遊(あそ)ぶ 놀다

買(か)い物(もの)に行(い)く 쇼핑하러 가다

休(やす)みの日(ひ) 쉬는 날

プール 수영장

出(で)る 나오다

入(はい)る 들어가다

バス 버스

中(なか) 안, 속

～では ～에서는, ～으로는

立(た)つ 서다

座(すわ)る 앉다

危(あぶ)ない 위험하다

朝(あさ) 아침

パン 빵

牛乳(ぎゅうにゅう) 우유

コーヒー 커피

季節(きせつ) 계절

暑(あつ)い 덥다

寒(さむ)い 춥다

4

息子とよく話し合ってみます。

아들과 잘 이야기해 볼게요.

복합동사

복합동사는 두 개의 동사가 합쳐져 하나의 새로운 동사가 된 것입니다. 앞에 오는 동사의 ます형에 뒤의 동사를 연결합니다.

⊙ 동사의 ます형 18쪽 참고

～合う	함께 ～하다	예 話し合う	서로 이야기하다
～始める	～하기 시작하다	降り始める	내리기 시작하다
～続ける	계속 ～하다	歩き続ける	계속 걷다
～出す	～하기 시작하다, ～해내다	思い出す	생각나다
～込む	～해 넣다	書き込む	기입하다
～すぎる	너무 ～하다	食べすぎる	과식하다
～直す	다시 ～하다	書き直す	다시 쓰다
～きる	완전히 ～하다	使いきる	다 쓰다

예 助ける(돕다) ＋ 合う(서로 ～하다) ➡ 助け合う 서로 돕다

飲む(마시다) ＋ すぎる(지나치다) ➡ 飲みすぎる 과음하다

단어

息子(むすこ) 아들
よく 잘, 자주
話(はな)**し合**(あ)**う** 의논하다

 확인문제

❶ よく＿＿＿＿＿合ってみます。 잘 이야기해 볼게요.

❷ お酒を飲み＿＿＿＿＿のはよくないです。 술을 과음하는 것은 좋지 않아요.

정답

① 話し ② すぎる

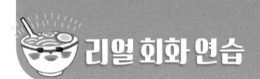

1

お母さんは子どもに野菜を食べさせました。

어머니는 아이에게 야채를 먹였습니다.

(1) 그 일은 제가 하게 해 주십시오.

その仕事は、私に する 　　　　　　　　　てください。

(2) 조금 더 생각하게 해 주세요.

もう少し 考える 　　　　　　　　　てください。

(3) 선생님은 학생에게 일본어로 일기를 쓰게 했습니다.

先生は学生に日本語で日記を 書く 　　　　　　　　ました。

(4) 어렸을 적에 나는 곧잘 부모님을 곤란하게 했습니다.

子どもの頃、私はよく親を 困る 　　　　　　　　ました。

2

うちの子はサッカーばかりして心配です。

우리 애는 축구만 해서 걱정이에요.

(1) 요즘에는 단것만 먹고 있어.

最近は甘い もの 　　　　　　食べている。

(2) 고기만 먹지 말고 야채도 먹어라.

肉 　　　　　　　　食べないで、野菜も食べなさい。

(3) 우리 아이는 식사 중에 스마트폰만 보고 있어서 큰일이에요.

うちの子は食事中、 スマホ 　　　　　　　　見ていて困ります。

(4) 저 사람은 항상 거짓말만 하니까 전혀 믿을 수가 없어.

あの人はいつも 嘘 　　　　　　つくから、全然信用できないよ。

□□□ 듣기 **MP3** 09-09   □□□ 회화 훈련 **MP3** 09-10

3

宿題_{しゅくだい}をしたばかりです。

방금 숙제를 했어요.

(1) 방금 약을 먹었어요.

薬_{くすり}を 飲む   ばかりです。

(2) 지금 막 일어난 참이에요.

今_{いま}、 起きる   ばかりです。

(3) 전철에서 막 내렸어요.

電車_{でんしゃ}を 降りる   ばかりです。

(4) 집에서 막 나왔어요.

家_{いえ}を 出る   ばかりです。

□□□ 듣기 **MP3** 09-11   □□□ 회화 훈련 **MP3** 09-12

4

宿題_{しゅくだい}をやったりテレビを見_みたりします。

숙제를 하거나 TV를 보거나 합니다.

(1) 많은 사람들이 왔다 갔다 해요.

大勢_{おおぜい}の人_{ひと}が 行く   来る   します。

(2) 쇼핑을 가거나 친구를 만나거나 해요.

買_かい物_{もの}に 行く   友達_{ともだち}に 会う   します。

(3) 시간이 있으면 영화를 보거나 책을 읽거나 합니다.

時間_{じかん}があったら、映画_{えいが}を 見る   本_{ほん}を 読む   します。

(4) 집에서는 게임하거나 공부하거나 합니다.

家_{いえ}では ゲームする   勉強する   します。

도전! 실전 회화

☑□□ 듣기 MP3 09-13   □□□ 회화 훈련 MP3 09-14

ルミ子さん、心配事でもあるんですか。
루미코 씨　　　　걱정거리　　～라도　있다　～한 겁니까?

ええ、実は息子が塾に行きたくないって言うんです❶。
네　　실은　아들이　학원에　가다　～하고 싶지 않다　～라고 말하다　～거든요

サッカーばかりしてて。
축구　　　　～만　　하고 있고

先生のお子さんはいかがでしたか❷。
선생님의　자제분은　　　　어떠셨습니까?

うちは塾に行かせませんでしたけど、
우리는　　학원에　가게 하지 않았습니다　　　～지만

娘は家に友達を呼んで、
딸은　집에　친구를　불러서

宿題をやったり遊んだりして、楽しそうでしたよ❸。
숙제를　하거나　놀거나　하고　즐겁다　～한 것 같았습니다

太郎君、サッカー選手になりたいって言ってましたし、
타로 군　　축구　　선수　～가 되고 싶다　～라고 말했습니다　～(하)고

息子さんの自由にさせてあげたらどうですか❹。
아드님이　　자유롭게　하게　～해 주다　～하면 어떻습니까?

そうですね。子どものやりたいようにさせた方がいいかも
그렇네요　　아이가　　　하고 싶다　～하도록　하게 했다　～하는 편이 좋다　～지도

しれませんね。もう一度息子とよく話し合ってみます。
모르겠네요　　다시 한번　아들과　잘　서로 이야기하다　～해 보겠습니다

단어 뜻을 적어 보세요

心配事(しんぱいごと) 걱정거리	～でも ～라도	塾(じゅく) 학원	～ばかり _____
お子(こ)さん 자제분	～けど ～지만	家(いえ) 집	呼(よ)ぶ 부르다
宿題(しゅくだい)をやる _____	遊(あそ)ぶ _____	楽(たの)しい 즐겁다	選手(せんしゅ) 선수
自由(じゆう)にする _____	～かもしれません ～지도 몰라요	もう一度(いちど) 한 번 더	話(はな)し合(あ)う _____

선생님	루미코 씨, 걱정거리라도 있나요?
루미코	네, 실은 아들이 학원에 가고 싶지 않다고 해서요. 축구만 하고 있고. 선생님 자녀분은 어땠나요?
선생님	우리는 학원에 안 보냈지만, 딸이 집에 친구를 불러서 숙제를 하기도 하고 놀기도 하고 즐거워 보였어요. 타로 군, 축구 선수가 되고 싶다고 말했기도 하고, 아드님이 하고 싶은 대로 하게 해 주면 어때요?
루미코	그렇네요. 아이가 하고 싶은 걸 하게 하는 게 좋을지도 모르겠네요. 다시 한 번 아들이랑 잘 이야기해 볼게요.

❶ ～って言うんです ～라고 (말)해서요
회화에서는 ～と를 ～って라고 하는 경우가 많습니다. ～って言うんです는 ～と言います와 같은 뜻입니다.

❷ いかがでしたか 어땠어요?
いかが는 どう(어떻게)보다 공손한 표현입니다.
どうですか(어때요?) → いかがですか(어떠세요?)

❸ 楽しそうでしたよ 즐거운 것 같았어요, 즐거워 보였어요
형용사 楽しい에서 い를 떼고 そうだ를 붙였지요? 여기에서 そうだ는 '～일 것 같다', '～처럼 보이다'라는 뜻입니다.
예 おいしそうです 맛있어 보입니다
おいしそうでした 맛있을 것 같았어요

❹ ～てあげたらどうですか ～해 주면 어때요?
あげたら는 あげる(주다)에 가정 표현 ～たら가 연결된 것입니다.
예 本を読んであげたらどうですか。
책을 읽어 주는 게 어때요?

🎧 MP3 09-15

1 다음을 잘 듣고, 밑줄 친 곳에 들어갈 말을 적어 보세요.

1 ルミ子さん、_____ でもあるんですか。

① しんぱい　　　② ようじ　　　③ むり　　　④ しんぱいごと

2 息子さんの_____ させてあげたらどうですか。

① じゆに　　　② じゆうに　　　③ むりに　　　④ べんきょう

3 もう一度息子とよく_____ みます。

① 話し合って　　② 付き合って　　③ 思い出して　　④ 食べすぎて

2 일본어로 쓰고, 소리 내어 말해 보세요.

1 친구를 한 시간이나 기다리게 했습니다.　_____

힌트 友達(ともだち) 친구　〜も 〜이나　待(ま)つ 기다리다

2 일본 드라마만 봅니다.　_____

힌트 ドラマ 드라마　〜ばかり 〜만　見(み)る 보다

3 쉬는 날은 책을 읽거나 TV를 봅니다.　_____

힌트 休(やす)みの日(ひ) 쉬는 날, 휴일　本(ほん)を読(よ)む 책을 읽다　テレビ TV

3 ★에 들어갈 알맞은 말을 고르세요.

1 _____ _____ ___★___ _____ って言うんです。

① 行きたくない　　② 塾に　　　③ 実は　　　④ 息子が

2 子どもの_____ _____ _____ __★___しれませんね。

① やりたいように　② 方が　　　③ いいかも　　④ させた

3 _____ _____ ___★___ _____ でしたよ。

① やったり　　　② 宿題を　　　③ 楽しそう　　④ 遊んだりして

➡ 정답 172쪽

Day 10

お酒を飲ませられました。

: 억지로 술을 마셨습니다.

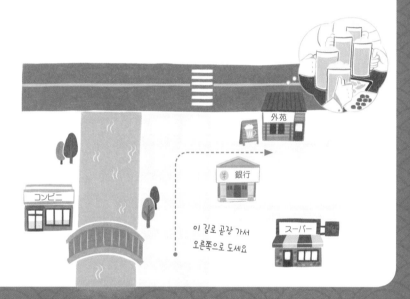

이 길로 곧장 가서
오른쪽으로 도세요

MP3와 강의를
들어보세요!

공부 순서

동영상 강의

MP3 듣기

본책 학습

복습용 동영상

☐☐☐   ☐☐☐   ☐☐☐   ☐☐☐

단어장

단어암기 동영상

☐☐☐   ☐☐☐

핵심 문장 익히기

1

きのう の
昨日も飲ませられました。

어제도 (마시고 싶지 않으나 어쩔 수 없이) 술을 마셨습니다.

〜(さ)せられる (강요받아 어쩔 수 없이, 억지로) 〜하다, 〜하게 되다 사역수동

사역형으로 만든 동사 〜(さ)せる를 다시 수동형으로 바꾼 것이 사역수동형입니다. 사역수동형은 자신의 의지와는 관계없이 다른 사람으로부터 어떤 행위를 강요받는 입장임을 나타냅니다. '(어쩔 수 없이 / 시켜서) 〜하다', '(억지로) 〜하게 되다'라는 뜻이죠.

종류	기본형	⇒ 사역형	⇒ 사역수동형
1그룹 동사	歌う	⇒ 歌わせる	⇒ 歌わせられる (강요받아) 노래하게 되다
	笑う	⇒ 笑わせる	⇒ 笑わせられる (웃으라고 해서) 웃다
	書く	⇒ 書かせる	⇒ 書かせられる (쓰라고 해서) 쓰다
	泳ぐ	⇒ 泳がせる	⇒ 泳がせられる (수영하라고 해서) 수영하다
	待つ	⇒ 待たせる	⇒ 待たせられる (기다리게 해서) 기다리다
	遊ぶ	⇒ 遊ばせる	⇒ 遊ばせられる (놀게 해서) 놀다
	飲む	⇒ 飲ませる	⇒ 飲ませられる (마시라고 해서) 마시다
2그룹 동사	見る	⇒ 見させる	⇒ 見させられる (보라고 해서) 보다
	食べる	⇒ 食べさせる	⇒ 食べさせられる (먹으라고 해서) 먹다
	やめる	⇒ やめさせる	⇒ やめさせられる (그만두라고 해서) 그만두다
3그룹 동사	する	⇒ させる	⇒ させられる (시켜서) 하다, (억지로) 하게 되다
	来る	⇒ 来させる	⇒ 来させられる (억지로) 오다

例 せんせい がくせい うた うた
先生は学生に歌を歌わせました。 선생님은 학생에게 노래를 시켰습니다.

がくせい せんせい うた うた
➡ 学生は先生に歌を歌わせられました。

학생은 선생님이 시켜서 노래를 하게 되었습니다.

かあ こ べんきょう
お母さんは子どもに勉強させました。 어머니는 아이에게 공부를 시켰습니다.

こ かあ べんきょう
➡ 子どもはお母さんに勉強させられました。

아이는 어머니가 시켜서 공부를 하게 되었습니다.

➔ **동사의 사역형** 106쪽 참고
➔ **동사의 수동형** 96쪽 참고

축약형 〜される

1그룹 동사의 사역수동형 〜せられる를 〜される로 축약해서 쓰기도 합니다. 단, 1그룹 동사 중에서 す로 끝나는 동사는 제외됩니다.

例 うた
歌う → 歌わせられる
= 歌わされる

ま
待つ → 待たせられる
= 待たされる

の
飲む → 飲ませられる
= 飲まされる

はな
話す → 話させられる
= *話さされる* (×)

단어

歌(うた)를 歌(うた)う 노래를 부르다

勉強(べんきょう) 공부

待(ま)つ 기다리다

話(はな)す 말하다

2

店の予約をしとけって言われました。
みせ　よやく　　　　　　　　　　　い

가게 예약을 해 두라고 하셨어요.

～ておく ＝ ～とく ～해 두다, ～해 놓다

～ておく는 '～해 두다', '～해 놓다'라는 뜻입니다. 회화에서는 ～ておく가 ～とく로 축약되기도 합니다.

例 A 山田君、コピー用紙がないから、買っておいてください。
やまだくん　　　　ようし　　　　　　　　　か

　야마다 군, 복사 용지가 없으니까 사다 두세요.　(＝買っといて)

　B はい、わかりました。네, 알겠습니다.

　A 窓を閉めましょうか。창문을 닫을까요?
　　まど　し

　B いえ、開けておいてください。아니요, 열어 두세요.
　　　　あ
　　　　(＝開けといて)

　A この箱、どうしましょうか。이 상자, 어떻게 할까요?
　　　はこ

　B ちょっとそこに置いといてください。後で片付けますから。
　　　　　　　　　　お　　　　　　　　　あと　かたづ
　　　　　　　　(＝置いておいて)

　잠깐 거기에 놔두세요. 나중에 정리할 테니까.

言われる 말하여지다, ～ 말을 듣다
い

言う의 수동형 言われる(말하여지다)는 '～라는 말을 듣다'로 의역하는 것이 자연스럽습니다. 의도치 않은 얘기를 들었을 경우나 듣고 싶지 않은 말을 들은 경우에 많이 쓰입니다.

例 きれいになったと言われました。
　　　　　　　　　　　い

예뻐졌다는 말을 들었습니다.

📗 확인 문제

❶ 開けて _____ ください。열어 두세요.
　あ

❷ そこに _____ ください。거기에 놔두세요.

～ておけ ＝ ～とけ

～ておく를 명령형으로 만들면 ～ておけ가 됩니다. 회화에서 ～ておく는 ～とく로 축약되기도 하므로 명령형 ～ておけ는 ～とけ가 되죠. 직접적인 명령어로, 주로 남성이 씁니다.

例 予約しておけ → 予約しとけ
　よやく　　　　　　　よやく
　예약해 뒈(라)

　覚えておけ → 覚えとけ
　おぼ　　　　　　　おぼ
　외워 뒈(라)

단어

店(みせ) 가게
予約(よやく) 예약
コピー用紙(ようし) 복사 용지
閉(し)める 닫다
箱(はこ) 상자
ちょっと 잠깐, 조금
置(お)く 두다, 놓다
後(あと)で 나중에, 후에
片付(かたづ)ける 정리하다
覚(おぼ)える 외우다, 익히다

정답

① おいて
② 置いといて
　お
　또는 置いておいて
　　　　お

□□□ 듣고 말하기 **MP3 10-03**

3

この道をまっすぐ行って、二つ目の角を右に曲がったら左手に見えます。

이 길을 곧장 가서 두 번째 모퉁이를 오른쪽으로 돌면 왼편에 보여요.

길 안내 표현

신호(등) 信号	사거리 交差点	버스 バス
빨간불 赤	큰길 大通り	택시 タクシー
파란불 青	막다른 길 つきあたり	전철 電車
노란불 黄色	골목 路地	역 駅
	맞은편 向かい	버스 정류장 バス停
	바로 앞, 직전 手前	무슨 선 何線
		몇 번 홈 何番ホーム

왼편 左手 / 左側	다리를 건너다 橋を渡る
오른편 右手 / 右側	횡단보도를 건너다 横断報道を渡る
곧장 가다 まっすぐ行く	계단을 올라가다 階段をのぼる
오른쪽으로 꺾다 右に曲がる＝右折	계단을 내려가다 階段をおりる
왼쪽으로 꺾다 左に曲がる＝左折	환승하다 乗り換える
모퉁이를 돌다 角を曲がる	바로 보이다 すぐ見える
	～에 있다 ～にある
	차를 세우다 車を止める

단어

道(みち) 길
まっすぐ 곧장, 똑바로
二(ふた)つ目(め) 두 번째
角(かど) 모퉁이
右(みぎ) 오른쪽
曲(ま)がる 돌다, 구부러지다
左手(ひだりて) 왼편(＝左側)
見(み)える 보이다
かかる (시간, 비용이) 걸리다
歩(ある)く 걷다
～につく ～을 따르다
止(と)める 멈추다
降(お)りる 내리다
乗(の)り換(か)える 갈아타다
出口(でぐち) 출구

 확인문제

❶ まっすぐ ＿＿＿＿＿と左側にあります。 곧장 가면 왼편에 있습니다.

❷ 左手に ＿＿＿＿＿ます。 왼편에 보여요.

정답
①行く ②見え

すみませんが、
〇〇はどう行けばいいですか。

죄송하지만, 〇〇는 어떻게 가면 돼요?

〇〇に行きたいんですが。

〇〇에 가려고 하는데요.

どのくらいかかりますか。

얼마나 걸려요?

歩いて行けますか。

걸어서 갈 수 있어요?

私について来てください。

저를 따라 오세요.

〇〇番のバスに
乗ってください。

〇〇번 버스를 타세요.

デパートの前で
止めてください。

백화점 앞에서 세워 주세요.

上野駅で降りてください。

우에노 역에서 내리세요.

銀座線に乗り換えてください。

긴자선으로 갈아타세요.

北口の出口に来てください。

북쪽 출구로 오세요.

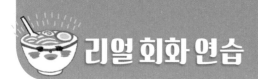
리얼 회화 연습

1

昨日(きのう)も飲(の)ませられました。

어제도 (마시고 싶지 않았으나 어쩔 수 없이) 술을 마셨습니다.

(1) 3시간이나 (어쩔 수 없이) 기다렸습니다.

３時間(さんじかん)も 待つ 　　　　　　　　　　　　　　。

(2) 어렸을 때 영어를 배워야만 했습니다.

子(こ)どもの時(とき)、英語(えいご)を 習う 　　　　　　　　　　　　　　。

(3) 선생님이 급식을 다 먹으라고 해서 (어쩔 수 없이) 먹었습니다.

先生(せんせい)に給食(きゅうしょく)を全部(ぜんぶ) 食べる 　　　　　　　　　。

(4) 상사가 야근을 시켜서 (어쩔 수 없이) 했습니다.

上司(じょうし)に 残業する 　　　　　　　　　　　　。

2

買(か)っておいてください。 ➡ 買(か)っといてください。

사 두세요.

(1) 호텔을 예약해 두세요.

ホテルを予約(よやく)しておいてください。 ➡ ホテルを 　　　　　　　 ください。

(2) 창문을 열어 두세요.

窓(まど)を開(あ)けておいてください。 ➡ 窓(まど)を 　　　　　　　 ください。

(3) 문을 닫아 두세요.

ドアを閉(し)めておいてください。 ➡ ドアを 　　　　　　　 ください。

(4) 저기에 놔두세요.

あそこに置(お)いておいてください。 ➡ あそこに 　　　　　　　 ください。

□□□ 듣기 **MP3** 10-08　　□□□ 회화 훈련 **MP3** 10-09

3

この道をまっすぐ行ったら、左側にあります。

이 길을 곧장 가면 왼편에 있어요.

(1)　이 다리를 건너면 편의점은 바로예요.

　　この橋を _{渡る} 　　　　　　、コンビニはすぐそこです。

(2)　슈퍼마켓은 이 모퉁이를 돌면 오른쪽에 보여요.

　　スーパーはこの角を _{曲がる} 　　　　　　、右側に見えます。

(3)　은행은 이 길을 곧장 가면 오른쪽에 있어요.

　　銀行はこの道をまっすぐ _{行く} 　　　　　　、右手にあります。

(4)　이 길을 곧장 가서 횡단보도를 건너면 서점은 왼쪽에 있습니다.

　　この道をまっすぐ行って横断歩道を _{渡る} 　　　　　　、本屋は左手にあります。

도전! 실전 회화

☑□□ 듣기 **MP3** 10-10　　□□□ 회화 훈련 **MP3** 10-11

岡村さん、飲み会にいい店とか❶知りません？
오카무라 씨　　회식에　　좋은　가게　~라든가　모릅니까?

飲み会にいい店ねえ。
회식에　　좋은　가게　~말이죠

あ、あそこ「外苑」って店、けっこうよかったよ。
아　저기　'가이엔'(가게 이름)　~이라는 가게　꽤, 제법　좋았어

ここからどう行けばいいんですか。
여기에서부터　어떻게　가면　　좋습니까?, 됩니까?

この道をまっすぐ行って、
이　길을　곧장　가서

二つ目の角を右に曲がったら左手に見えるよ。
두 번째의　　모퉁이를　오른쪽으로　돌다　~하면　왼편에　보인다

助かりました❷。どうも。
도움이 되었습니다　　　고마워요

また飲み会やるの？
또　회식　하는 거야?

そうなんですよ。昨日も飲まされて二日酔いなのに、
그래요, 맞아요　　어제도　마심을 당하여　숙취　~인데도

きょうも店の予約しとけって言われて。
오늘도　가게의　예약　해 두어라　~라고 말하여져서, ~라는 말을 들어서

そりゃ大変だね。
그건(= 그것은)　힘들겠다

단어 뜻을 적어 보세요

飲(の)み会(かい) 회식　　**店(みせ)** _____　　**知(し)る** 알다　　**けっこう** 꽤, 상당히

まっすぐ _____　　**二(ふた)つ目(め)** _____　　**角(かど)** _____　　**曲(ま)がる** _____

左手(ひだりて) _____　　**見(み)える** _____　　**助(たす)かる** 도움이 되다　　**二日酔(ふつかよ)い** 숙취

予約(よやく) _____　　**言(い)われる** _____　　**大変(たいへん)だ** 힘들다, 큰일이다

122

지은   오카무라 씨, 회식하기에 괜찮은 가게 아세요?

오카무라 회식하기에 좋은 가게라…….
      아, 저기 「外苑(가이엔)」이라는 가게, 꽤 괜찮았어.

지은   여기에서 어떻게 가면 되나요?

오카무라 이 길을 곧장 가서 두 번째 모퉁이를 끼고
      오른쪽으로 돌면 왼편에 보여.

지은   덕분에 살았어요. 고마워요.

오카무라 또 회식 하는 거야?

지은   맞아요. 어제도 (억지로) 마셔서 술이 안 깼는데,
      오늘도 가게를 예약해 두라고 해서…….

오카무라 그거 힘들겠네.

---

❶ ~とか ~(라)든지

~とか는 사람이나 사물 등 비슷한 예를 나열할 때 씁니다. 비슷한 말인 ~や보다는 회화체 표현이고, 반드시 두 가지 이상을 나열하는 ~や와는 달리 ~とか는 하나만을 예를 들어 쓸 수 있다는 차이가 있습니다.

예 A: イさんは、納豆とかよく食べるんですか。
     이 씨는 낫토 같은 거 자주 먹나요?
   B: 日本の料理はお寿司や焼肉など何でも好きです。
     일본 요리는 초밥이나 야키니쿠 등 뭐든지 좋아해요.

❷ 助かりました 덕분에 살았어요, 도움이 되었어요.

助かる는 위험이나 죽음을 '면하다', '구제되다', 부담이나 고통 등이 덜어져 '도움이 되다'라는 뜻입니다. 助かりました라고 하면 '덕분에 큰 도움이 되었다'라는 인사말이 됩니다.

예 野菜が安くなったので、助かりました。
     야채가 싸져서 (가계에) 도움이 되었습니다.
   本当に助かりました。 정말 도움이 됐습니다. (덕분에 살았어요.)

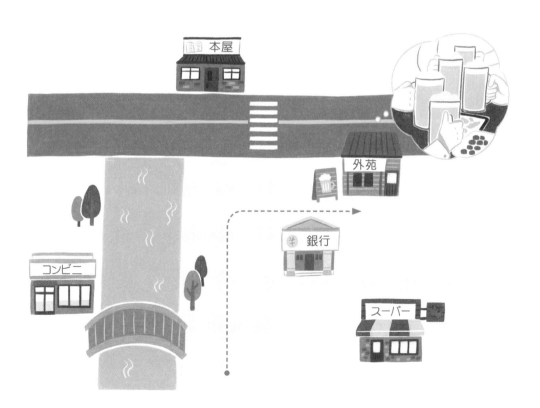

1 다음을 잘 듣고, 밑줄 친 곳에 들어갈 말을 적어 보세요.

1 飲み会にいい店＿＿＿＿＿＿知りません？

① と　　　　　② か　　　　　③ とか　　　　　④ を

2 あそこ「外苑」って店、＿＿＿＿＿＿よかったよ。

① けっこ　　　② けっこう　　③ とても　　　④ だいぶ

3 ここからどう＿＿＿＿＿＿いいんですか。

① くれば　　　② すれば　　　③ いけば　　　④ のれば

2 일본어로 쓰고, 소리 내어 말해 보세요.

1 어제도 (어쩔 수 없이) 술을 마셨습니다.　＿＿＿＿＿＿＿＿＿＿＿＿＿

　힌트　**昨日**(きのう) 어제　**飲**(の)**む** 마시다

2 창문을 열어 두세요.　＿＿＿＿＿＿＿＿＿＿＿＿＿

　힌트　**窓**(まど)**を開**(あ)**ける** 창문을 열다　**～ておく** ~해 두다　**～てください** ~해 주세요

3 모퉁이를 돌면 바로 보입니다.　＿＿＿＿＿＿＿＿＿＿＿＿＿

　힌트　**角**(かど)**を曲**(ま)**がる** 모퉁이를 돌다　**～たら** ~하면　**すぐ見**(み)**える** 바로 보이다

3 ★에 들어갈 알맞은 말을 고르세요.

1 この道を＿＿＿＿ ＿＿＿＿ ＿★＿ ＿＿＿＿左手に見えるよ。

① まっすぐ　　② 曲がったら　　③ 行って　　　④ 右に

2 ＿＿＿＿ ＿★＿ ＿＿＿＿ ＿＿＿＿なのに。

① も　　　　　② 飲まされて　　③ 二日酔い　　④ 昨日

3 きょうも＿＿＿＿ ＿＿＿＿ ＿★＿ ＿＿＿＿。

① 予約　　　　② しとけって　　③ 言われて　　④ 店の

Day 11

월   일

部活っていうのは、クラブ活動のことよ。

: 부활동이라는 것은 클럽 활동이라는 뜻이야.

그림을 잘 못 그려도 괜찮나요?

물론이죠

MP3와 강의를
들어보세요!

공부 순서

동영상 강의	MP3 듣기	본책 학습	복습용 동영상
☐☐☐	☐☐☐	☐☐☐	☐☐☐

단어장	단어암기 동영상
☐☐☐	☐☐☐

핵심 문장 익히기

1

_{いっしょ} _{かえ}
一緒に帰らない？

같이 집에 가지 않을래?

부정 의문문

부정문의 끝부분 억양을 올려서 질문을 만들 수 있습니다. 이는 친한 사이의 반말로, 공손하게 물어볼 때는 ～ませんか(～하지 않습니까?)라고 합니다.

➔ **동사의 ない형** 26쪽 참고

예 これ、食べ_たない？（↗）　이거 안 먹을래?

　窓_{まど}、開_あけない？（↗）　창문 열지 않을래?

　ドア、閉_しめてくれない？（↗）　문 닫아 주지 않을래?

　うちに来_こない？（↗）　우리 집에 안 올래?

반말 질문과 대답

食_たべる?(먹을래?)처럼 동사 기본형의 끝부분 억양을 올리면 반말 질문이 됩니다.

예 A ご飯_{はん}、食_たべる？
　　밥 먹을래?

　B [긍정] うん、食_たべる。
　　　응, 먹을게.

　　[부정] ううん、食_たべない。
　　　아니, 안 먹을래.

　　　いや、食_たべない。
　　　아니, 안 먹을래.

단어

一緒(いっしょ)**に** 같이, 함께

窓(まど) 창문

開(あ)**ける** 열다

ドア 문

閉(し)**める** 닫다

うち 우리 집

ご飯(はん) 밥

확인문제 ────────────────────

❶ これ _____ ない？　이거 안 먹을래?

❷ _{いっしょ} _{かえ}
　一緒に帰ら _____ ？　같이 집에 가지 않을래?

정답

① 食_たべ　② ない

126

2

部活<ruby>ぶ<rt></rt></ruby><ruby>かつ<rt></rt></ruby>というのは、クラブ活動<ruby>かつどう<rt></rt></ruby>のことです。

부활동이라고 하는 것은 클럽 활동이라는 뜻이에요.

～というのは …のことだ ～라는 것은 …라는 뜻이다[말이다]

～というのは …のことだ는 '～라는 것은 …라는 뜻이다', '～란 …라는 말이다'라는 뜻
으로, 정의를 내린다거나 어떤 말이 가리키는 대상을 나타낼 때 쓰는 표현입니다. 그리고
～というのは는 ～っていうのは / ～って / ～とは라고도 바꿔 쓸 수 있습니다.

예 東大<ruby>とうだい<rt></rt></ruby>というのは、東京大学<ruby>とうきょうだいがく<rt></rt></ruby>のことだ。

동대(東大)란 도쿄대학의 뜻이다.

A 湯船<ruby>ゆ<rt></rt></ruby><ruby>ぶ<rt></rt></ruby><ruby>ね<rt></rt></ruby>って何<ruby>なん<rt></rt></ruby>ですか。 '유부네'라는 건 뭔가요?

B 湯船<ruby>ゆ<rt></rt></ruby><ruby>ぶ<rt></rt></ruby><ruby>ね<rt></rt></ruby>というのは、浴槽<ruby>よくそう<rt></rt></ruby>のことです。 '유부네'란 욕조를 뜻해요.

各停<ruby>かくてい<rt></rt></ruby>っていうのは、各駅停車<ruby>かくえきていしゃ<rt></rt></ruby>のことです。

'가쿠테이'란 '각 역 정차'를 뜻합니다.

パソコンとは、パーソナルコンピューターのことだ。

PC란 퍼스널 컴퓨터를 말한다.

단어

部活(ぶかつ) 부활동

～という ～라고 하는, ～라는

クラブ 클럽

活動(かつどう) 활동

東京大学(とうきょうだいがく)
　도쿄대학(=東大<ruby>とうだい<rt></rt></ruby>)

湯船(ゆぶね) 목욕통, 욕조

浴槽(よくそう) 욕조

各駅停車(かくえきていしゃ)
　각 역 정차(=各停<ruby>かくてい<rt></rt></ruby>)

パソコン PC, 퍼스널 컴퓨터

パーソナル 퍼스널

コンピューター 컴퓨터

 확인 문제

❶ 部活<ruby>ぶ<rt></rt></ruby><ruby>かつ<rt></rt></ruby>_____のは何<ruby>なん<rt></rt></ruby>ですか。 부활동이란 무엇입니까?

❷ 部活<ruby>ぶ<rt></rt></ruby><ruby>かつ<rt></rt></ruby>っていうのは、クラブ活動<ruby>かつどう<rt></rt></ruby>の_____よ。

부활동이라고 하는 것은 클럽 활동이라는 뜻이야.

정답

① という 또는 っていう

② こと

□□□ 듣고 말하기 **MP3** 11-03

3

みんないい人ばかりだし。
ひと

모두 좋은 사람들뿐이고.

～し ～이고

～し 접속 방법

～し는 이유 또는 열거를 나타내는 표현입니다. 이유의 의미로 쓰일 경우 ～から나 ～の로 보다 인과 관계는 약하지만, 그 밖에 다른 이유도 있다는 느낌을 주기도 합니다.

～し 앞에는 동사, い형용사, な형용사의 보통형을 쓰면 됩니다.

(1) 이유

例 波が高いし、危ないわよ。 파도가 높아서 위험해.

疲れたし、どこかで休もう。 피곤하니까 어딘가에서 쉬자.

동사	기본형	
い형용사		＋し
な형용사	과거형	

(2) 열거

'Aも ～し、Bも …し(A도 ～고, B도 …고)'의 형태로 많이 쓰이고, 이유와 열거를 동시에 나타내기도 합니다.

彼女はきれいだし、性格もいいです。 그녀는 예쁘고 성격도 좋습니다.

時間もないし、お金もないです。 시간도 없고 돈도 없습니다.

A どうして引っ越すんですか。 왜 이사를 합니까?

B 今のアパートは駅から遠いし、部屋も気に入らなくて。

지금 사는 아파트는 역에서 멀고, 방도 마음에 들지 않아서요.

단어

～ばかり ～만, ～뿐

波(なみ) 파도

危(あぶ)**ない** 위험하다

疲(つか)**れる** 피곤하다

休(やす)**む** 쉬다

性格(せいかく) 성격

お金(かね) 돈

どうして 어째서

引(ひ)**っ越**(こ)**す** 이사하다

アパート 아파트

駅(えき) 역

遠(とお)**い** 멀다

部屋(へや) 방

気(き)**に入**(い)**る** 마음에 들다

 확인문제

❶ 彼女はきれいだ ＿＿＿＿＿＿、性格もいいです。

그녀는 예쁘고 성격도 좋습니다.

❷ 時間も ＿＿＿＿＿＿ し、お金もないです。 시간도 없고 돈도 없습니다.

정답

① し ② ない

128

4

私も入ろうかな。
わたし　はい

나도 들어갈까?

～かな　～일까?

의문·반어의 종조사 か에 감동·강조의 종조사 な가 붙으면 가벼운 의문을 나타냅니다.

(1) 거듭 확인하거나 걱정하는 마음을 나타냄 (～려나, ～까?)

예 うまく書けるかな。 잘 쓸 수 있으려나.

　君一人で大丈夫かな。 너 혼자서 괜찮을까?

(2) 자기 자신에게 묻는 느낌이나 스스로에게 확인하는 느낌을 나타냄

예 お茶でも飲もうかな。 차라도 마실까?

　あれはどこにしまったかな。 그건 어디에 넣어 뒀지?

(3) 〈～ないかな(あ)의 꼴로〉 소망을 나타냄 (～려나)

예 早く来ないかな(あ)。 빨리 오지 않으려나. / 빨리 왔으면 좋으련만.

→ 종조사 총정리 167쪽 참고

단어

入(はい)る 들어가다, 들어오다

うまく 잘, 솜씨 좋게

書(か)く 쓰다

君(きみ) 너, 자네

一人(ひとり)で 혼자서

大丈夫(だいじょうぶ)だ 괜찮다

お茶(ちゃ) 차

～でも ～라도

しまう 넣다, 간직하다

早(はや)く 빨리, 일찍

 확인 문제

❶ 私も入ろう _____。 나도 들어갈까?
　わたし　はい

❷ うまく書ける _____。 잘 쓸 수 있으려나.
　か

정답

① かな　② かな

Day 11 部活っていうのは、クラブ活動のことよ。　**129**

☑□□ 듣기 **MP3** 11-05   □□□ 회화 훈련 **MP3** 11-06

1

一緒に帰らない？

같이 집에 가지 않을래?

(1) 이거 먹지 않을래?

これ、 食べる　　　　　　　　　　　？

(2) 창문 열지 않을래?

窓、 開ける　　　　　　　　　　　？

(3) 문 닫지 않을래?

ドア、 閉める　　　　　　　　　　　？

(4) 우리 집에 놀러 오지 않을래?

うちに遊びに 来る　　　　　　　　　　　？

□□□ 듣기 **MP3** 11-07   □□□ 회화 훈련 **MP3** 11-08

2

部活っていうのは、クラブ活動のことです。

부활동이라고 하는 것은 클럽 활동이라는 뜻입니다.

(1) 東大란 도쿄대학을 말합니다.

東大　　　　　　　　　　、東京大学　　　　　　　　です。

(2) 디카란 디지털카메라를 뜻합니다.

デジカメ　　　　　　　　　　、デジタルカメラ　　　　　です。

(3) 주간지란 매주 한 번 나오는 잡지를 말합니다.

週刊誌　　　　　　　　　、毎週一回出る雑誌　　　　　です。

(4) 여고생이란 고등학생인 여자아이를 뜻합니다.

女子高生　　　　　　　　　、高校生の女の子　　　　　です。

3

なみ たか あぶ
波が高いし、危ないです。

파도가 높아서 위험합니다.

(1) 그녀는 예쁘고 성격도 좋습니다.

かのじょ　　　　　　　　　　　　　　　　　せいかく
彼女は きれいだ 　　　　　　　、**性格もいいです。**

(2) 시간도 없고 돈도 없습니다.

じ かん　　　　　　　　　　　　　　　　　かね
時間も ない 　　　　　　　、**お金もないです。**

(3) 역에서 멀고 방도 맘에 들지 않아서요.

えき　　　　　　　　　　　　　　　　へ や　 き い
駅から 遠い 　　　　　　　、**部屋も気に入らなくて。**

(4) 피곤하니까 어딘가에서 쉬자.

　　　　　　　　　　　　　　　　　　　　　やす
疲れた 　　　　　　　、**どこかで休もう。**

4

わたし　 はい
私も入ろうかな。

나도 들어갈까?

(1) 차라도 마실까?

ちゃ
お茶でも 飲む 　　　　　　　**かな。**

(2) 하나 먹어 볼까?

いっ こ
一個 食べてみる 　　　　　　　**かな。**

(3) 공부라도 할까?

べんきょう
勉強でも する 　　　　　　　**かな。**

(4) 조금 쉴까?

すこ
少し 休む 　　　　　　　**かな。**

도전! 실전 회화

田中くん❶、一緒に帰らない？
다나카 군　　　　　　　같이　　　　귀가하지 않을래?

あ、ごめん。火曜と木曜は部活なんだ。
아　미안　　　　화요일과　목요일은　부활동이야

部活って？
부활동　　～이라고 (하는 것은 뭐야?)

部活っていうのは、クラブ活動のことだよ。
부활동　～이라고 하는 것은　　　클럽　활동　　～이라는 것이야(말이야)

ああ、韓国のサークルみたいなもの❷ね。
아~　　한국의　서클(동아리)　같은　　　것　　～이구나

どんな部活やってるの？
어떤　　부활동　하고 있다　　～해?(의문)

美術部。新入部員がけっこう入ったから、にぎやかで
미술부　　신입 부원이　　　　꽤　　　들어왔다　～해서(이유)　활기차다　　～하고

楽しいよ❸。ミラさんも興味があったら一度見に来ない？
즐거워　　　　미라 씨도　　　관심이　　있으면　　한 번　보다 ～하러 오지 않을래?

絵が下手でも入部できる？
그림이　서툴다　～해도　입부　할 수 있어?

もちろん。先生も先輩もみんないい人ばかりだし。
물론　　　선생님도　　선배도　　모두　　좋은　사람 ～뿐이다　　～이고

へえ、私も入ろうかな。
와~　　　나도　들어가자, 들어가야지 ～할까나

단어 뜻을 적어 보세요

一緒(いっしょ)に _____	ごめん 미안	～と ～와	部活(ぶかつ) _____
クラブ活動(かつどう) _____	サークル 서클, 동아리	～みたいだ ～인 것 같다	美術部(びじゅつぶ) 미술부
新入部員(しんにゅうぶいん) 신입 부원	けっこう 꽤, 상당히	入(はい)る _____	にぎやかだ 활기차다
興味(きょうみ) 흥미, 관심	一度(いちど) 한 번	絵(え) 그림	入部(にゅうぶ) 입부
もちろん 물론	先輩(せんぱい) 선배	～ばかり ～뿐, ～만	～かな _____

미라	다나카, 같이 집에 가지 않을래?
다나카	아, 미안. 화요일하고 목요일은 부활동이야.
미라	부활동? (그게 뭐야?)
다나카	부활동이란 클럽 활동을 말해.
미라	아, 한국의 서클 같은 거구나. 어떤 부활동 하고 있어?
다나카	미술부. 신입 부원이 꽤 들어와서 활기차고 즐거워. 미라도 흥미 있으면 한 번 보러 오지 않을래?
미라	그림을 못 그려도 들어갈 수 있어?
다나카	물론이지. 선생님도 선배도 모두 좋은 사람들뿐이고.
미라	와~, 나도 들어갈까?

point

❶ ～くん

～くん은 보통 여학생이 남학생을 부를 때나 직장에서 상사가 신입사원을 부를 때 씁니다. 여학생끼리는 ～さん, ～ちゃん(애칭이나 이름을 축약해 만듦)을 쓰고, 남학생이 여학생을 부를 때는 ～さん 혹은 호칭 없이 성이나 이름을 부르기도 합니다.

❷ ～みたいなもの ～같은 것

～みたいだ는 '～인 것 같다'라는 뜻으로, 뒤에 명사가 오면 ～みたいな의 형태가 됩니다.

예 趣味みたいなもの、ありますか。 취미 같은 거 있어요?

➡ ～みたいだ 56쪽 참고

❸ 楽しいよ 재미있어, 즐거워

'재미있다'는 뜻의 단어는 おもしろい도 있습니다. おもしろい 책이나 영화와 같이 어떠한 대상이 '재미있다'라는 뜻인 반면, 楽しい는 분위기가 '재미있다', '즐겁다', '흥겹다'라는 의미입니다.

예 大学生活はどうですか。 楽しいですか。
대학 생활은 어때요? 재미있어요?
楽しいですけど、大変なこともいっぱいあります。
재미있지만 힘든 일도 많이 있어요.

🎧 듣고 말하기 🎧 MP3 11-15

1 다음을 잘 듣고, 밑줄 친 곳에 들어갈 말을 적어 보세요.

1 田中さん、一緒に_____？

① のまない　　② たべない　　③ かえらない　　④ はいらない

2 部活っていうのは、クラブ_____のことだよ。

① かつとう　　② かつどう　　③ がつとう　　④ がつどう

3 韓国の_____みたいなものね。

① クラブ　　② グラブ　　③ サクール　　④ サークル

✏️ 쓰고 말하기

2 일본어로 쓰고, 소리 내어 말해 보세요.

1 우리 집에 오지 않을래?　　_____

　힌트　うちに 来(く)る 우리 집에 오다

2 시간도 없고 돈도 없습니다.　　_____

　힌트　時間(じかん) 시간　〜し 〜하고　お金(かね) 돈

3 차라도 마실까?　　_____

　힌트　お茶(ちゃ) 차　〜でも 〜라도　〜かな 〜할까나

📖 시험 대비 문법

3 ★에 들어갈 알맞은 말을 고르세요.

1 パソコン_____、_____ ___★___ _____だ。

① コンピューターの　② とは　　③ パーソナル　　④ こと

2 ミラさんも_____ _____ _____ ___★___来ない？

① 見に　　② 一度　　③ 興味が　　④ あったら

3 先生も_____ _____ ___★___ _____し。

① いい人　　② ばかりだ　　③ みんな　　④ 先輩も

Day 12

何になさいますか。

: 무엇으로 하시겠습니까?

테이크아웃
인가요?

아이스커피
두 잔이요

MP3와 강의를
들어보세요!

공부 순서

동영상 강의
☐ ☐ ☐

MP3 듣기
☐ ☐ ☐

본책 학습
☐ ☐ ☐

복습용 동영상
☐ ☐ ☐

단어장
☐ ☐ ☐

단어암기 동영상
☐ ☐ ☐

핵심 문장 익히기

1

いらっしゃいませ。

어서 오세요.

동사의 존경어

존경어는 말하는 상대방에 대해 그 사람의 행위 등을 높이는 말입니다. 일상생활에서 자주 쓰이는 존경어는 다음과 같습니다.

보통어	존경어	보통어	존경어
行く 가다	いらっしゃる 가시다 おいでになる	いる 있다	いらっしゃる 계시다
		する 하다	なさる 하시다
来る 오다	いらっしゃる 오시다 おいでになる お越しになる お見えになる	食べる 먹다 飲む 마시다	召し上がる 드시다
		言う 말하다	おっしゃる 말씀하시다

예 山田さんは今、どちらにいらっしゃいますか。

야마다 씨는 지금 어디에 계십니까?

会議はいつなさいますか。 회의는 언제 하십니까?

どうぞ召し上がってください。 어서 드세요.

失礼ですが、お名前は何とおっしゃいますか。

실례지만, 성함은 뭐라고 하십니까?

お+ます형+になる ～하시다 존경 표현
ご+한자어+になる

'お+동사의 ます형+になる' 또는 'ご+한자어+になる' 형태로 '～하시다'라는 뜻의 존경 표현을 만들 수 있습니다. 이 형태로 만들 수 있는 동사는 한정되어 있으며, 동사 います, 見ます, 来ます 등과 같이 ます 앞이 1음절일 경우에는 만들 수 없습니다.

예 帰る 돌아가다 ➡ お帰りになりますか 돌아오십니까?, 돌아가십니까?

見る 보다 ➡ ご覧になりましたか 보셨습니까?

왕초보탈출 tip

※ いらっしゃいませ(어서 오세요)는 いらっしゃる의 공손체 いらっしゃいます에서 ます의 명령체인 ～ませが된 것입니다.

※ なさる의 ます형은 なさいます가 됩니다.

➔ **존경 표현** 162~163쪽 참고

단어

いらっしゃる 가시다, 오시다, 계시다

会議(かいぎ) 회의

なさる 하시다

召(め)し**上**(あ)**がる** 드시다

失礼(しつれい) 실례

名前(なまえ) 이름

何(なん)と 뭐라고

おっしゃる 말씀하시다

136

2

かしこまりました。

알겠습니다.

かしこまりました 알겠습니다

わかる(알다)의 겸양어는 かしこまる로 '삼가 명령을 받들다'라는 뜻입니다. 보통 고객을 상대하는 서비스직에서 '알겠습니다(わかりました)'의 의미로 겸양어인 かしこまりました가 많이 쓰입니다. 동사의 겸양어는 Day 13에서 자세히 다루기로 하고, 그 외에 격식을 차린 공손한 표현들을 살펴보겠습니다.

보통형	공손한 표현
〜です 〜입니다	〜でございます
〜ではありません 〜이 아닙니다	〜ではございません
そうですか 그렇습니까	さようでございますか
どうですか 어떻습니까	いかがですか
いいですか 괜찮습니까	よろしいですか
もらいました 받았습니다	いただきました
わかりました 알겠습니다	かしこまりました
わかりません 모르겠습니다	わかりかねます
あります 있습니다	ございます
ありません 없습니다	ございません
すみません 죄송합니다	申(もう)し訳(わけ)ございません

예 お返事(へんじ)が遅(おそ)くなりまして、誠(まこと)に申(もう)し訳(わけ)ございません。
답장이 늦어져서 대단히 죄송합니다.

こちらの商品(しょうひん)はいかがですか。 이쪽 상품은 어떠십니까?

あしたお伺(うかが)いしてもよろしいですか。 내일 찾아뵈어도 괜찮으십니까?

➡ **겸양 표현** 163~165쪽 참고

단어

返事(へんじ) 답장, 회신
遅(おそ)くなる 늦어지다
誠(まこと)に 대단히, 진심으로
こちら 이쪽
商品(しょうひん) 상품
伺(うかが)う 찾아뵙다

□□□ 듣고 말하기 **MP3** 12-03

3

<ruby>少々<rt>しょうしょう</rt></ruby>お<ruby>待<rt>ま</rt></ruby>ちください。

잠시 기다려 주십시오.

お+ます형+ください ~해 주십시오
ご+한자어+ください

'~해 주십시오'라고 정중하게 부탁할 때 사용하는 표현입니다. 'お+ます형(になって)+ください' 형태의 의뢰 표현도 많이 쓰는데, になって를 생략하기도 합니다. 또한 'ご+한자어+ください'도 같은 뜻입니다.

예 <ruby>座<rt>すわ</rt></ruby>る 앉다 ➡ お<ruby>座<rt>すわ</rt></ruby>り(になって)ください。 앉아 주십시오.

<ruby>掛<rt>か</rt></ruby>ける 걸다, 앉다 ➡ お<ruby>掛<rt>か</rt></ruby>け(になって)ください。 앉아 주십시오.

<ruby>入<rt>はい</rt></ruby>る 들어가다, 들어오다 ➡ お<ruby>入<rt>はい</rt></ruby>り(になって)ください。 들어오십시오.

<ruby>書<rt>か</rt></ruby>く 쓰다 ➡ お<ruby>書<rt>か</rt></ruby>き(になって)ください。 써 주십시오.

<ruby>連絡<rt>れんらく</rt></ruby>する 연락하다 ➡ <ruby>明日<rt>みょうにち</rt></ruby>までにご<ruby>連絡<rt>れんらく</rt></ruby>ください。
내일까지 연락해 주십시오.

단어

少々(しょうしょう) 잠시

待(ま)**つ** 기다리다

掛(か)**ける** 걸다, 앉다

明日(みょうにち) 내일, 명일

~まで(に) ~까지

連絡(れんらく) 연락

 확인문제

❶ <ruby>少々<rt>しょうしょう</rt></ruby>お＿＿＿＿＿ください。 잠시 기다려 주십시오.

❷ <ruby>明日<rt>みょうにち</rt></ruby>までにご＿＿＿＿＿ください。 내일까지 연락해 주십시오.

정답
① <ruby>待<rt>ま</rt></ruby>ち 또는 <ruby>待<rt>ま</rt></ruby>ちになって
② <ruby>連絡<rt>れんらく</rt></ruby>

4

お待^またせいたしました。

오래 기다리셨습니다.

お+ます형+する[いたす] ~드리다 _{겸양 표현}
ご+한자어+する[いたす]

お待たせいたしました는 'お+待たせる의 ます형+いたす'가 조합된 형태로 '기다리게 해 드리다', 즉 상대방을 '기다리게 만들었다'는 뜻의 사역 겸양 표현입니다. 식당에서 주문한 음식을 내오며 손님에게 '오래 기다리셨습니다'라는 뜻으로 お待たせいたしました라고 합니다. いたす 대신 する도 쓸 수 있는데, お~いたす가 お~する보다 더 공손한 표현입니다.

예 願^{ねが}う 바라다, 부탁하다 ➡	お願いします お願いいたします	부탁드리겠습니다
待^まつ 기다리다 ➡	お待ちします お待ちいたします	기다리겠습니다
持^もつ 들다 ➡	お持ちします お持ちいたします	들어 드리겠습니다
連絡^{れんらく}する 연락하다 ➡	ご連絡します ご連絡いたします	연락드리겠습니다
電話^{でんわ}する 전화하다 ➡	お電話します お電話いたします	전화드리겠습니다

待^またせる
기다리게 하다

待^またせる는 '기다리다'라는 뜻의 동사 待つ의 사역형입니다.

왕초보 탈출 tip

お電話^{でんわ}(전화)나 お弁当^{べんとう}(도시락)와 같이 한자어일지라도 일상생활에 친숙한 단어 앞에는 ご가 아닌 お를 씁니다.

단어

待^またせる 기다리게 하다
いたす 드리다(する의 겸양어)
願^{ねが}う 바라다, 부탁하다
持^もつ 들다, 가지다

🧄 확인문제

❶ _____待^またせいたしました。 오래 기다리셨습니다.

❷ ご連絡^{れんらく}_____。 연락드리겠습니다.

 정답

① お

② します 또는 いたします

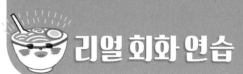리얼 회화 연습

☑□□ 듣기 **MP3** 12-05　　□□□ 회화 훈련 **MP3** 12-06

1

会議はいつなさいますか。
かい ぎ

회의는 언제 하십니까?

(1) 선생님은 언제 오십니까?

先生はいつ　来る의 존경어　　　　　　　　　ますか。
せんせい

(2) 내일 가시나요?

あした　行く의 존경어　　　　　　ますか。

(3) 오늘 댁에 계십니까?

きょう、お宅に　いる의 존경어　　　　　　　　ますか。
たく

(4) 점심은 드셨습니까?

昼食は　食べる의 존경어　　　　　　ましたか。
ちゅうしょく

□□□ 듣기 **MP3** 12-07　　□□□ 회화 훈련 **MP3** 12-08

2

わかりました。 ➡ かしこまりました。

알겠습니다. 〈겸양어〉

(1) どうですか。　어떻습니까?

➡　　　　　　　　　　　　　。

(2) いいですか。　좋습니까?

➡　　　　　　　　　　　　　。

(3) ありません。　없습니다.

➡　　　　　　　　　　　　　。

(4) すみません。　죄송합니다.

➡　　　　　　　　　　　　　。

3

しょうしょう ま
少々お待ちください。

잠시 기다려 주십시오.

(1) 마음대로(자유롭게) 가져가십시오.

じ ゆう
ご自由に 　持つ　　　　　　　　　　ください。

(2) 어서 앉으십시오.

どうぞ、　掛ける　　　　　　　　　ください。

(3) 들어오십시오.

　入る　　　　　　　　　ください。

(4) 이쪽에 성함을 써 주십시오.

なまえ
こちらにお名前を 　書く　　　　　　　　　ください。

4

ねが　　　　　　　　　　ねが
お願いします。 / お願いいたします。

부탁드리겠습니다.

(1) 연락 기다리겠습니다.

れんらく
連絡、　待つ　　　　　　　。 또는　　　　　　　　　　　　　　。

(2) 짐 들어 드리겠습니다.

に もつ
お荷物、　持つ　　　　　　　。 또는　　　　　　　　　　　　　　。

(3) 추후에 연락드리겠습니다.

のち
後ほど、　連絡する　　　　　　。 또는　　　　　　　　　　　　　。

(4) 내일 전화드리겠습니다.

あした、　電話する　　　　　　。 또는　　　　　　　　　　　　　。

☑□□ 듣기 **MP3** 12-13　　□□□ 회화 훈련 **MP3** 12-14

いらっしゃいませ。
어서 오십시오

何_{なに}になさいますか。
무엇으로 하시겠습니까?

アイスコーヒー二^{ふた}つとショートケーキを一^{ひと}つお願^{ねが}いします。
아이스커피　　　　　두 개와　　조각 케이크를　　　　　　한 개　부탁드립니다

はい、アイスコーヒー二^{ふた}つとショートケーキ一^{ひと}つですね。
네　　　아이스커피　　　　두 개와　　조각 케이크　　　　　한 개　　~이지요?

かしこまりました。
알겠습니다

あと❶、バースデーケーキを買^かって帰^{かえ}りたいんですけど。
또　　　생일　　　케이크를　　사서　　가고 싶다　　~거든요

はい、ホールケーキがあるか確^{たし}かめてまいりますので❷、
네　　　홀 케이크가　　　　있는지　확인하고　　　오겠습니다　　~니까(이유)

少々^{しょうしょう}お待^まちいただけますか❸。
잠시　　기다려 주실 수 있겠습니까?

……

お待^またせいたしました。
기다리시게 만들었습니다, 오래 기다리셨습니다

こちら、お持^もち帰^{かえ}り❹のケーキになります。
이쪽, 여기　　　테이크아웃, 가지고 감　~의 케이크　　~가 됩니다

どうも。
고마워요

🏮 단어 뜻을 적어 보세요

いらっしゃいませ ＿＿＿＿	なさる ＿＿＿＿	アイスコーヒー 아이스커피　　二(ふた)つ 두 개
ショートケーキ 조각 케이크	かしこまる ＿＿＿＿	あと 그리고, 또　　バースデー 생일
ホールケーキ 홀 케이크(매장에서 파는 케이크)		確(たし)かめる 확인하다　　まいる '가다', '오다'의 겸양어
少々(しょうしょう) ＿＿＿＿	こちら 이쪽	持(も)ち帰(かえ)り 가지고 돌아감, 테이크아웃

점원	어서 오세요.
	(주문은) 무엇으로 하시겠습니까?
손님	아이스커피 두 잔이랑 조각 케이크 두 개 주세요.
점원	네, 아이스커피 두 잔이랑 조각 케이크 두 개요.
	알겠습니다.
손님	그리고 생일 케이크를 사 가고 싶은데요.
점원	네, 홀 케이크가 있는지 확인하고 올 테니
	잠시 기다려 주실 수 있겠습니까?
	……
	오래 기다리셨습니다.
	여기 가져가실 케이크입니다.
손님	고마워요.

❶ あと
'앞으로', '그리고', '또'라는 뜻으로 쓰입니다.
예 あと少し。앞으로 조금만. / 조금만 더.
ワールドカップ、あと1年。월드컵, 앞으로 1년.

❷ 確かめてまいりますので 확인하고 올 테니
参る는 来る(오다)의 겸양어입니다. 원인과 이유를 나타내는 ～ので는 ～から보다 공손한 뉘앙스를 줍니다.

❸ お待ちいただけますか 기다려 주시겠습니까?
'お＋동사의 ます형(또는 한자어)＋いただく(もらう의 겸양어)'는 '～해 주시다'라는 뜻의 겸양 표현입니다. いただけますか는 いただく의 가능형인 いただける에 ～ますか를 연결한 것입니다.
예 ご連絡いただけますか。연락해 주시겠습니까?

❹ 持ち帰り 가지고 감, 테이크아웃
持ち帰る는 '(음식 등을 포장해서) 가지고 가다'라는 뜻입니다.
예 こちらでお召し上がりですか。お持ち帰りですか。
여기서 드실 건가요? 포장이신가요?

🎧 듣고 말하기 🎧 MP3 12-15

1 다음을 잘 듣고, 밑줄 친 곳에 들어갈 말을 적어 보세요.

1 いらっしゃいませ。何に_____ますか。

① し ② なさる ③ なさり ④ なさい

2 アイスコーヒー二つとショートケーキを一つ_____します。

① おねがう ② ねがい ③ おねがい ④ ください

3 アイスコーヒー二つとショートケーキ一つですね。_____。

① わかりました ② かしこまりました ③ かしました ④ かしこました

📝 쓰고 말하기

2 일본어로 쓰고, 소리 내어 말해 보세요.

1 실례지만, 성함은 뭐라고 하십니까? _____

힌트 失礼(しつれい) 실례 お名前(なまえ) 이름 何(なん)とおっしゃる 뭐라고 말씀하시다

2 이 상품은 어떠세요? _____

힌트 こちら 이쪽 商品(しょうひん) 상품 いかが 어떻게

3 들어오십시오. _____

힌트 入(はい)る 들어오다 お〜ください 〜해 주십시오

📖 시험 대비 문법

3 ★에 들어갈 알맞은 말을 고르세요.

1 _____ _____ __★__ _____んですけど。

① バースデーケーキを ② 買って ③ あと ④ 帰りたい

2 _____ __★__、 _____ _____いただけますか。

① まいりますので ② 確かめて ③ お待ち ④ 少々

3 お待たせ_____。 _____、 ___★___帰りの_____になります。

① こちら ② ケーキ ③ いたしました ④ お持ち

Day 13

월   일

またメールいたします。

: 또 메일 드리겠습니다.

보고 싶은
기무라 선생님께

MP3와 강의를
들어보세요!

공부 순서

동영상 강의
☐ ☐ ☐

MP3 듣기
☐ ☐ ☐

본책 학습
☐ ☐ ☐

복습용 동영상
☐ ☐ ☐

단어장
☐ ☐ ☐

단어암기 동영상
☐ ☐ ☐

핵심 문장 익히기

1

メールいたします。

메일 드리겠습니다.

동사의 겸양어

겸양어는 자신의 행위 등을 낮추어 말함으로써 상대방에게 겸손을 나타내는 말입니다. 겸양어는 보통 '~하다', '~해 드리다'로 해석됩니다.

보통어	겸양어	보통어	겸양어
いる 있다	おる	言う 말하다	申す
する 하다	いたす	知っている 알다	存じている
行く 가다 来る 오다	参る	訪ねる 방문하다	伺う 찾아뵙다
		聞く 묻다, 듣다	伺う 여쭙다
食べる 먹다 飲む 마시다 もらう 받다	いただく	見る 보다	拝見する
		わかる 알다	かしこまる 삼가명령을 받들다

例 山田は会議室におります。 야마다는 회의실에 있습니다.

プサンへ参ります。 부산에 갑니다.

それでは、いただきます。 그럼, 먹겠습니다. (마시겠습니다 / 잘 받겠습니다)

キムと申します。 김이라고 합니다.

あしたの午後、伺います。 내일 오후에 찾아뵙겠습니다.

書類を拝見しました。 서류를 보았습니다.

➔ **겸양 표현** 163~165쪽 참고

단어

メール 메일
いたす 드리다
会議室(かいぎしつ) 회의실
それでは 그럼, 그러면
書類(しょるい) 서류

확인 문제

❶ メール _____ ます。 메일 드리겠습니다.

❷ 書類を _____ しました。 서류를 보았습니다.

정답

① いたし ② 拝見

2

あきらめずに頑張_{がんば}るつもりです。

포기하지 않고 열심히 할 생각이에요.

동사의 ない형 + **ずに** ~하지 않고

~ずに는 ~ないで와 같은 표현으로, 앞의 동사는 ない형으로 쓰면 됩니다. 어떤 상태로 동작을 했는지를 나타내므로 '~하지 않고 (~하다)'라는 동시에 일어나는 동작이나 상황, 수단을 나타냅니다.

종류	접속 방법	기본형	⇒	~ずに
1그룹 동사	어미를 あ단으로 +ずに	書_かく 쓰다 休_{やす}む 쉬다	⇒ ⇒	書_かかずに 쓰지 않고 休_{やす}まずに 쉬지 않고
2그룹 동사	어미 る 떼고 +ずに	食_たべる 먹다 見_みる 보다	⇒ ⇒	食_たべずに 먹지 않고 見_みずに 보지 않고
3그룹 동사		する 하다 来_くる 오다	⇒ ⇒	せずに 하지 않고 来_こずに 오지 않고

예외 する의 부정형은 しない지만, ~ずに는 せずに가 됩니다.

예 日曜日_{にちようび}、どこへも行_いかずにうちにいました。

일요일에 아무 데도 안 가고 집에 있었습니다.

あの人_{ひと}は働_{はたら}かずに、毎日_{まいにち}お酒_{さけ}ばかり飲_のんでいます。

그 사람은 일하지 않고 매일 술만 마시고 있어요.

暑_{あつ}いので、子_こどもはふとんをかけずに寝_ねています。

더워서 아이는 이불을 덮지 않고 자고 있습니다.

彼_{かれ}はあいさつもせずに帰_{かえ}ってしまった。

그는 인사도 하지 않고 가 버렸다.

확인문제

❶ あきらめ＿＿＿＿＿＿＿頑張_{がんば}るつもりです。 포기하지 않고 열심히 할 생각이에요.

❷ 日曜日_{にちようび}、どこへも ＿＿＿＿＿＿＿＿＿ うちにいました。

일요일에 아무 데도 안 가고 집에 있었습니다.

~つもりです
~할 생각입니다

つもり는 '생각', '작정'이라는 뜻의 명사로, 결심이나 의지를 담고 있는 미래의 표현에 쓰입니다.

예 来月_{らいげつ}、会社_{かいしゃ}を辞_やめるつもりです。

다음 달에 회사를 그만둘 생각입니다.

단어

あきらめる 포기하다
頑張(がんば)る 열심히 하다
~つもりです ~할 생각입니다
どこへも 아무 데도, 어디에도
働(はたら)く 일하다
~ばかり ~만, ~뿐
暑(あつ)い 덥다
ふとんをかける 이불을 덮다
あいさつ 인사
辞(や)める (일을) 그만두다

정답

① ずに ② 行かずに

□□□ 듣고 말하기 **MP3 13-03**

3

資料を送ってくださいました。
しりょう　おく

자료를 보내 주셨습니다.

～てくださる ～해 주시다

～てくれる(～해 주다)는 상대방으로부터 호의나 도움, 선물 등을 받았을 때 씁니다. 따라서 주어는 상대방이 되죠. ～てくれる의 공손한 표현인 ～てくださる(～해 주시다)는 상대방이 손윗사람일 경우에 쓰입니다.

➲ ～てくれる 77쪽 참고

例 姉は私の誕生日にケーキを作ってくれました。
あね　わたし　たんじょうび　　　　　　　　　つく

누나는 내 생일에 케이크를 만들어 주었습니다.

先生は母の病気を治してくださいました。
せんせい　はは　びょうき　なお

(의사) 선생님은 엄마의 병을 고쳐 주셨습니다.

先生が送ってくださった写真です。
せんせい　おく　　　　　　　　しゃしん

선생님이 보내 주신 사진이에요.

～ていただく ～해 주시다

일본어에서는 다른 사람이 제공한 도움이나 편의를 받는 사람이 주어가 되어 말할 경우에 'A가 B로부터 ～해 받다'라고 하는 ～てもらう 형태를 많이 사용합니다. 우리말로는 'B가 A에게 ～해 주다'와 같이 해석하는 것이 자연스럽습니다. ～てもらう의 겸양어인 ～ていただく(～해 주시다)는 제공자가 손윗사람일 경우에만 씁니다.

➲ ～てもらう 78쪽 참고

例 私は田中先生に英語を教えていただきました。
わたし　たなかせんせい　えいご　おし

나는 다나카 선생님께 영어를 가르쳐 받았습니다. (선생님이 영어를 가르쳐 주셨습니다.)

先生にほめていただいた。
せんせい

선생님께 칭찬 받았다. (선생님이 칭찬해 주셨다.)

たくさんの方に来ていただいて、うれしいです。
かた　き

많은 분들이 와 주셔서 기쁩니다.

왕초보 탈출 tip

くださる를 ます형으로 만들면 くださりります가 아니라 くださいます가 됩니다. くださる를 한자를 이용해 下さる라고 표기하기도 합니다.

단어

資料(しりょう) 자료

送(おく)**る** 보내다

くださる 주시다

病気(びょうき)**を治**(なお)**す**
병을 고치다

写真(しゃしん) 사진

いただく 받다(もらう의 겸양어)

英語(えいご) 영어

教(おし)**える** 가르치다, 알려 주다

ほめる 칭찬하다

4

ごあいさつに伺^{うかが}わせていただきます。

인사드리러 찾아뵙겠습니다.

～(さ)せていただく ～하게 해 주시다

사역형과 もらう의 겸양어인 いただく가 연결된 ～(さ)せていただく는 상당히 정중한
표현입니다. 직역하면 '～하게 해 받다'로, 상대방에게 양해를 구해 뭔가를 한다는 뜻이죠.
자신이 하고 싶다는 의사를 표현할 때 ～(さ)せていただく의 형식을 사용하여 '～할 수
있도록 당신의 허락을 받겠다'고 말할 수 있습니다.

食べます	먹겠습니다 (자기 의지로)
食べさせていただきます	먹겠습니다 (상대방의 허락과 자기 의지가 포함되어 '먹게 해 주시면 먹어도 되겠습니까?'라는 뉘앙스)

예 これから発表^{はっぴょう}させていただきます。 지금부터 발표하도록 하겠습니다.

説明^{せつめい}させていただきます。 설명해 드리겠습니다.

自己紹介^{じ こ しょうかい}をさせていただきます。 자기소개를 해 보겠습니다.

体^{からだ}の調子^{ちょうし}が悪^{わる}いので、きょうはこれで帰^{かえ}らせていただきます。

몸 상태가 안 좋은데 오늘은 이만 들어가 보겠습니다.

風邪気味^{かぜぎみ}で、あしたは休^{やす}ませていただきたいんですが。

감기 기운으로 내일은 쉬고 싶습니다만. (쉬어도 되겠습니까?, 쉬게 해 주십시오)

この授業^{じゅぎょう}の内容^{ないよう}を録音^{ろくおん}させていただきたいんですが。

이 수업 내용을 녹음하고 싶습니다만. (녹음해도 되겠습니까?, 녹음하도록 해 주십시오)

단어

伺(うかが)う 찾아뵙다

これから 지금부터, 앞으로

発表(はっぴょう) 발표

説明(せつめい) 설명

自己紹介(じこしょうかい)
　자기소개

体(からだ) 몸

調子(ちょうし) 상태

風邪気味(かぜぎみ) 감기 기운

休(やす)**む** 쉬다

授業(じゅぎょう) 수업

内容(ないよう) 내용

録音(ろくおん) 녹음

 확인 문제

❶ ごあいさつに伺^{うかが}わせて _____ ます。 인사드리러 찾아뵙겠습니다.

❷ _____ させていただきます。 설명해 드리겠습니다.

정답

① いただき　② 説明^{せつめい}

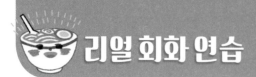

1

メールします。 ➡ メールいたします。

메일 하겠습니다. 〈겸양어〉

(1) 회의실에 있습니다.

会議室にいます。　➡　会議室に　　　　　　　　　　。

(2) 부산에 갑니다.

プサンへ行きます。　➡　プサンへ　　　　　　　　　　。

(3) 알겠습니다.

わかりました。　➡　　　　　　　　　　　。

(4) 전화드리겠습니다.

お電話します。　➡　お電話　　　　　　　　　　。

2

どこへも行かずに、うちにいました。

아무 데도 안 가고 집에 있었습니다.

(1) 아침을 먹지 않고 학교에 와서 배가 고파.

朝ご飯を 食べる 　　　　 学校に来たから、おなかがすいた。

(2) 숙제도 하지 않고 텔레비전을 보고 있습니다.

宿題も する 　　　　　　、テレビを見ています。

(3) 그는 일하지 않고 술만 마시고 있습니다.

彼は 働く 　　　　　　、酒ばかり飲んでいます。

(4) 회사에 안 가고 집에서 자고 있었습니다.

会社に 行く 　　　　　　、家で寝ていました。

150

3

<ruby>先生<rt>せんせい</rt></ruby>に<ruby>作<rt>つく</rt></ruby>っていただきました。

선생님이 만들어 주셨습니다.

(1) 책을 보내 주셔서 감사합니다.

<ruby>本<rt>ほん</rt></ruby>を _{送る}　　　　　　　いただき、ありがとうございました。

(2) 선생님이 칭찬해 주셨어.

<ruby>先生<rt>せんせい</rt></ruby>に _{ほめる}　　　　　　いただいた。

(3) 많은 분들이 와 주셨습니다.

たくさんの<ruby>方<rt>かた</rt></ruby>に _{来る}　　　　　いただきました。

(4) 유명한 디자이너가 디자인해 주셨습니다.

<ruby>有名<rt>ゆうめい</rt></ruby>なデザイナーに _{デザインする}　　　いただきました。

4

<ruby>伺<rt>うかが</rt></ruby>わせていただきます。

찾아뵙겠습니다.

(1) 수업을 녹음하겠습니다.

<ruby>授業<rt>じゅぎょう</rt></ruby>を _{録音する}　　　　　いただきます。

(2) 지금부터 발표하겠습니다.

これから _{発表する}　　　　　　いただきます。

(3) 내일 쉬도록 하겠습니다.

あした _{休む}　　　　　　　いただきます。

(4) 일찍 돌아가도록 하겠습니다.

<ruby>早<rt>はや</rt></ruby>く _{帰る}　　　　　　　いただきます。

木村先生へ
(き むらせんせい)
기무라 선생님   께

ごぶさたしております❶。お元気ですか。
오랫동안 격조하였습니다   잘 지내셨어요?

送っていただいた写真を見ているうちに❷、
보내   주신   사진을   보고   있는   ~동안에, ~ 중에

日本語学校での生活が懐かしくなりました。
일본어 학교   ~에서의 생활이   그립다   ~해졌습니다

送ってくださった資料も就活にとても役に立ちそうです❸。
보내   주신   자료도   취업 활동에   매우   도움이 되다   ~할 것 같습니다

帰国して2ヶ月経ちますが、私はまだ就活中です。
귀국하고   2개월   지났습니다만   저는   아직 구직 활동 중입니다

韓国も就職難ですが、あきらめずに頑張るつもりです。
한국도   취업난입니다만   포기하다 ~하지 않고 열심히 하다 생각입니다, 작정입니다

東京は桜が散ってしまったでしょうね。
도쿄는 벚꽃이 지다 ~해 버렸다   ~겠지요?

ソウルは今、桜が見ごろです。私がご案内しますので、
서울은   지금   벚꽃이 한창 때입니다   제가   안내해 드리겠습니다   ~이므로(이유)

来年は是非ソウルでお花見をなさってください。
내년은 꼭, 반드시 서울에서   꽃구경을   하시다   ~해 주십시오

またメールいたします。先生、お元気で。
또   메일   드리겠습니다   선생님   건강하게

チェ・ミラより
최미라   올림

送(おく)る _____	生活(せいかつ) 생활	懐(なつ)かしい 그립다	資料(しりょう) _____
就活(しゅうかつ) 취업 활동	役(やく)に立(た)つ 도움이 되다	経(た)つ 시간이 지나다	就職難(しゅうしょくらん) 취직난
あきらめる _____	桜(さくら) 벚꽃	散(ち)る 떨어지다	見(み)ごろ (꽃 따위를) 보기에 딱 좋은 시기
案内(あんない) 안내	是非(ぜひ) 꼭	お花見(はなみ) 꽃구경	~より ~올림

기무라 선생님께

그동안 연락도 못 드렸네요. 잘 지내셨어요?

보내 주신 사진을 보고 있으니

일본어 학교에서의 생활이 그리워졌어요.

보내 주신 자료도 취업 활동에 아주 도움이 될 것 같아요.

귀국하고 2달 지났는데, 저는 아직 구직 활동 중입니다.

한국도 취업난입니다만,

포기하지 않고 열심히 할 생각이에요.

도쿄는 벚꽃이 져 버렸지요.

서울은 지금 벚꽃이 한창이에요.

제가 안내해 드릴 테니

내년에는 꼭 서울에서 꽃구경을 해 주세요.

또 메일 드릴게요. 선생님, 건강하세요.

최미라 올림

듣고 말하기 🎧 MP3 13-15

1 다음을 잘 듣고, 밑줄 친 곳에 들어갈 말을 적어 보세요.

1 _____ しております。お元気ですか。

① こぶさた　　　② ごぶさた　　　③ ごぶざた　　　④ ごぶざだ

2 日本語学校での生活が_____なりました。

① さびしく　　　② うれしく　　　③ かなしく　　　④ なつかしく

3 またメール_____ます。

① し　　　　　② やり　　　　　③ おくり　　　　④ いたし

쓰고 말하기

2 일본어로 쓰고, 소리 내어 말해 보세요.

1 김이라고 합니다.　　　　　　　　　　_____

힌트 ~と申(もう)す ~라고 하다

2 선생님이 나에게 케이크를 사 주셨습니다.　_____

힌트 ~ていただく ~해 주시다　(직역: 나는 선생님께 케이크를 사 받았습니다.)

3 자기소개를 해 보겠습니다.　　　　　　_____

힌트 自己紹介(じこしょうかい) 자기소개　~させていただく ~하게 해 주시다

시험 대비 문법

3 ★에 들어갈 알맞은 말을 고르세요.

1 韓国も_____、_____ ★_____ _____。

① あきらめずに　　② 就職難ですが　　③ 頑張る　　　④ つもりです

2 _____ _____ ★_____ _____とても役に立ちそうです。

① くださった　　② 就活に　　　③ 送って　　　④ 資料も

3 来年は是非_____ _____ _____ ★_____ _____。

① お花見を　　　② ソウルで　　③ なさって　　④ ください

➡ 정답 | 174쪽

핵심 문법

요점
노트

사역형, 사역수동형...
자꾸만 헷갈려

요점 노트 보면서
한 번 더 복습해 보자

~と, ~ば, ~たら, ~なら 가정 표현 중 어느 쪽을 사용해도 될 때도 있지만 그렇지 않은 경우도 많으므로, 각각의 특징을 정확히 파악해 두고 예문을 통해 익혀 봅시다.

	쓰임	예
と	불변의 진리, 자연 현상	雨が降ると、雪が解けます。 비가 내리면 눈이 녹습니다.
	기계 조작, 일반적 사실	このボタンを押すと、ドアが開きます。 이 버튼을 누르면 문이 열립니다.
	습관(반복적으로 항상 일어나는 일)	父は毎朝起きると、新聞を読みます。 아버지는 매일 아침 일어나면 신문을 읽습니다.
	의외의 일, 발견 등	箱を開けると、プレゼントが入っていました。 상자를 열자 선물이 들어 있었습니다.
ば	기본적으로 항상 성립되는 결과	卒業論文を出せば、卒業できます。 졸업 논문을 내면 졸업할 수 있습니다. 安ければ、買います。 싸면 사겠습니다.
	속담 등 일반적이고 법칙적인 것	ちりもつもれば山となる。 티끌 모아 태산(티끌도 모으면 산이 된다).
	일회적인 어떠한 일의 가정 조건	クリスマスに雪が降れば、ロマンチックでしょうね。 크리스마스에 눈이 내리면 로맨틱하겠네요.
たら	특정적이거나 일회적인 가정 (ば와 유사)	あした雨が降ったら、試合は中止します。 내일 비가 내리면 시합은 중지합니다. 暑かったら、エアコンをつけてください。 더우면 에어컨을 켜세요. ひまだったら、遊びに来ませんか。 한가하면 놀러 오지 않을래요?
	시간적으로 전후해서 일어난 관계	木村さんに手紙を出したら、すぐに返事が来ました。 기무라 씨에게 편지를 보내니 바로 답장이 왔습니다. (出すとも 쓸 수 있음)
なら	뒤의 사항이 먼저 일어나고 앞의 사항이 일어나는 경우	本を読むなら、電気をつけてください。 책을 읽을 거라면 불을 켜세요.
	어떠한 것을 가정하여 그에 대한 화자의 판단·명령·희망·의지 등을 서술할 경우	あの大学へ行くなら、自転車が便利です。 저 대학에 간다면 자전거가 편리합니다. 近いなら歩きましょう。 가까우면 걸읍시다. 嫌ならやめてもいいですよ。 싫으면 그만둬도 괜찮아요.

🎎 추측 표현

～そうだ	(금방이라도) ～할 것 같다, ～할 것 같이 보인다	불확실한 미래의 상황을 추측하는 경우.
～ようだ	(확실히) ～할[한] 것 같다, ～할[한] 모양이다	자신이 미리 보거나 들은 것을 통해 얻은 근거를 바탕에 두고 추측하는 표현으로, 비교적 확실한 추측일 경우.
～みたいだ	～인 것 같다, ～인 듯하다, ～와 같다	주관적 판단에 의한 추량이나 비유, 예시를 나타냄. 보통 회화에서 쓰이고, 공식적인 자리나 문서에는 ～ようだ를 사용.

㈜ わあ、おいしそう。 와, 맛있겠다.

今度の試験には受かりそうです。 이번 시험에는 붙을 것 같습니다.

熱があるようです。 열이 있는 것 같습니다.

きょうは寒くて冬みたいです。 오늘은 추워서 겨울 같아요.

～そうだ ~라고 한다

추측의 そうだ와 달리 명사, い형용사, な형용사, 동사의 기본형과 연결됩니다. 화자가 전해 듣거나 알게 된 정보를 상대방에게 전달하는 표현입니다.

㈜ 来週は忙しいそうです。 다음 주는 바쁘다고 합니다.

あしたは休みだそうです。 내일은 휴가라고 합니다.

～でしょう ~일 겁니다, ~(하)겠습니다, ~(하)겠지요

일기예보에도 자주 나오는 ～でしょう는 미래의 일에 대한 상상이나, 과거 또는 현재의 일에 대한 불확실한 판단, 추측을 나타냅니다. い형용사는 기본형, な형용사는 어간에 연결하며, 동사는 기본형에 연결됩니다. 확인이나 동의의 뉘앙스로 쓰일 때 끝부분 억양을 올려서(♪) 발음하기도 합니다.

㈜ あしたもきっといい天気でしょう。 내일도 분명 날씨가 좋겠습니다.

お子さんもずいぶん大きくなったでしょう。 아이도 많이 컸지요?

その話は本当じゃないでしょう。 그 이야기는 사실이 아니죠?

주고받는 표현에서 주는 사람이 말하는 사람 본인이거나 받는 사람일 경우에는 보통 私は(나는), 私に(나에게)는 생략하고 말합니다.

★ **あげる** (내가 남에게) 주다
〜てあげる 〜해 주다

내가 남에게 무엇인가를 주는 경우 혹은 제3자가 제3자에게 주는 경우에도 あげる를 씁니다.

예 (私は)彼にプレゼントをあげました。 (나는) 그에게 선물을 주었습니다.

（私は）弟の宿題を手伝ってあげました。 (나는) 남동생의 숙제를 도와주었습니다.

★ **くれる** (남이 나에게) 주다
〜てくれる 〜해 주다

남이 나에게(또는 내 가족에게) 무엇인가를 주는 경우에 くれる를 씁니다.

예 彼は妹に素敵なプレゼントをくれました。 그는 여동생에게 멋진 선물을 주었습니다.

友達は(私に)花を買ってくれました。 친구는 (나에게) 꽃을 사 주었습니다.

★ **もらう** (남으로부터 내가) 받다
〜てもらう 〜해 받다

주는 주체가 남이며 '…에게 〜을 받다'라는 뜻입니다. '〜해 받다'는 보통 '〜해 주다'로 해석합니다.

예 (私は)姉におしゃれなハンカチをもらいました。 (나는) 언니에게서 멋진 손수건을 받았습니다.

（私は）彼氏に引っ越しを手伝ってもらいました。 남자 친구는 (나의) 이사를 도와주었습니다.

🎎 **동사의 명령 표현**

주로 남성이 강하게 명령할 때나 친한 상대에게 제안이나 권유의 의미로 사용합니다.

구분	만드는 방법	기본형	→	명령형
1그룹 동사	어미를 え단으로	言う 말하다 止まる 멈추다	→ →	言え 말해라 止まれ 멈춰라
2그룹 동사	어미 る 떼고 +ろ	見る 보다 食べる 먹다	→ →	見ろ 봐라 食べろ 먹어라
3그룹 동사		する 하다 来る 오다	→ →	しろ 해라 来い 와라

'〜하지 마라'는 부정 명령은 동사의 기본형에 な를 붙이면 됩니다.
여성이 명령형으로 말할 때는 て형을 이용해 말하며, 부정 명령 표현은 〜ないで가 됩니다.

예 **はっきり言え。** 정확히 말해.　　여자 **はっきり言って。**

　見るな。 보지 마.　　여자 **見ないで。**

〜(さ)せる ~하게 하다, ~시키다 〈사역형〉

행위를 시키는 사람을 주어로 하고 행위를 하는 사람은 조사 に(…에게 〜하도록 하다)나 を(…를 〜하게 하다)를 써서 나타냅니다.

구분	만드는 방법	기본형	→	사역형
1그룹 동사	어미를 あ단으로 +せる	**待つ** 기다리다 **遊ぶ** 놀다	→ →	**待たせる** 기다리게 하다 **遊ばせる** 놀게 하다
2그룹 동사	어미 る 떼고 +させる	**見る** 보다 **食べる** 먹다	→ →	**見させる** 보게 하다 **食べさせる** 먹이다
3그룹 동사		**する** 하다 **来る** 오다	→ →	**させる** 시키다 **来させる** 오게 하다

예 **彼女を1時間も待たせました。** 여자 친구를 한 시간이나 기다리게 했습니다.

　先生は学生を走らせた。 선생님은 학생을 달리게 했다.

〜(ら)れる ~당하다, ~되다, (피해·영향을) 받다 〈수동형〉

수동형은 결과적으로 피해를 입었다는 기분을 나타내기도 합니다.

구분	만드는 방법	기본형	→	수동형
1그룹 동사	어미를 あ단으로 +れる	**言う** 말하다 **知る** 알다	→ →	**言われる** (말해지다), 말을 듣다 **知られる** 알려지다
2그룹 동사	어미 る 떼고 +られる	**捨てる** 버리다 **ほめる** 칭찬하다	→ →	**捨てられる** 버려지다 **ほめられる** 칭찬 받다
3그룹 동사		**する** 하다 **来る** 오다	→ →	**される** 당하다, 되다, (~을) 받다 **来られる** (달갑지 않은 사람이) 오다

예 **私は先生に叱られました。** 나는 선생님에게 꾸중을 들었습니다.

　コーヒーはたくさんの人に飲まれています。 많은 사람들이 커피를 마시고 있습니다. (무생물이 주어)

～(さ)せられる （강요받아 어쩔 수 없이, 억지로) ~하다, ~하게 되다 〈사역수동형〉

자신의 의지와는 관계없이 다른 사람으로부터 어떤 행위를 강요받는 입장임을 나타냅니다.
1그룹 동사의 사역수동형 ～せられる를 ～される로 축약해 말하기도 합니다(待たされる, 飲まされる 등).

구분	기본형	→ 사역형	→ 사역수동형
1그룹 동사	待つ 기다리다	→ 待たせる 기다리게 하다	→ 待たせられる (기다리게 해서) 기다리다
	飲む 마시다	→ 飲ませる 마시게 하다	→ 飲ませられる (마시라고 해서) 마시다
2그룹 동사	食べる 먹다	→ 食べさせる 먹이다	→ 食べさせられる (먹으라고 해서) 먹다
	やめる 그만두다	→ やめさせる 그만두게 하다	→ やめさせられる (그만두라고 해서) 그만두다
3그룹 동사	する 하다	→ させる 하게 하다, 시키다	→ させられる (시켜서) ~하다, (억지로) ~하게 되다
	来る 오다	→ 来させる 오게 하다	→ 来させられる 억지로 오다

例 学生は先生に歌を歌わせられました。 학생은 선생님이 시켜서 노래를 하게 되었습니다.

子どもはお母さんに勉強させられました。 아이는 어머니가 시켜서 공부했습니다.

て형에 연결되는 표현

★ ～ていく　 ～하고 가다, ~해 가다

例 やる事がどんどん増えていく。 할 일이 자꾸자꾸 늘어간다.

★ ～てくる　 ～해 오다, ~해지다, 계속 ~하다

例 田中はそろそろ戻ってくると思います。 다나카는 곧 돌아올 것 같아요.

最近、暖かくなってきました。 요즘 따뜻해졌습니다.

★ ～ておく = ～とく　 ～해 두다, ~해 놓다

例 窓を開けておいてください。 창문을 열어 두세요.
　　 (= 開けといて)

★ ～てしまう = ～ちゃう　 ～해 버리다, ~하고 말다
　 ～でしまう = ～じゃう

例 あの本はもう読んでしまいました。 그 책은 벌써 읽어 버렸습니다.
　　　 (= 読んじゃいました)

風邪を引いちゃって、学校を休んだ。 감기에 걸려 버려서 학교를 쉬었다.

〜たり …たりする　~하기도 하고 …하기도 하다, ~거나 …거나 하다

두 개 이상의 동작이나 변화가 일어나는 것을 나타내는 표현입니다. 명사나 な형용사 뒤에서는 だったり가 되고, い형용사는 과거형(〜かった)에 붙어서 〜かったり가 됩니다.

예 休みの日は本を読んだりテレビを見たりします。쉬는 날 책을 읽거나 TV를 봅니다.

たくさんの人が行ったり来たりしていた。많은 사람들이 왔다 갔다 하고 있었다.

朝はパンと、牛乳だったりコーヒーだったりします。

아침은 빵이랑, 우유일 때도 있고 커피일 때도 있습니다.

この季節は暑かったり寒かったり気温差が大きい。이 계절은 더웠다가 추웠다가 기온 차가 크다.

〜た方がいい　~하는 편이 좋다
〜ない方がいい　~하지 않는 편이 좋다

동사의 た형에 方がいい를 붙이면 '~하는 편이 좋다'라는 뜻입니다. '~하지 않는 편이 좋다'는 ない형에 方がいい를 연결하면 됩니다.

예 ときどきスポーツをした方がいい。가끔 운동을 하는 편이 좋다.

初めて会った人に、年齢は聞かない方がいい。처음 만난 사람에게 나이는 묻지 않는 편이 좋다.

〜すぎる　너무 ~하다, 지나치게 ~하다

ます형에 〜すぎる를 붙이면 어떠한 행동이나 작용이 지나침을 나타냅니다. い형용사와 な형용사는 어간에 すぎる를 접속합니다. ない(없다)를 '너무 없다'라는 뜻으로 만들 때는 なさすぎる가 되고, 부정형 '너무 ~하지 않다'는 〜すぎない를 붙이면 됩니다.

예 食べすぎて眠くなりました。과식해서 졸려요.

テレビを見すぎて、目が痛いです。TV를 너무 많이 봐서 눈이 아파요.

ちょっと辛すぎます。좀 너무 매워요.
あの人は実力がなさすぎる。그 사람은 실력이 너무 없다.

〜ば …ほど　~하면 …할수록

ば 앞에는 ば형이, ほど 앞에는 기본형이 옵니다.

예 字は書けば書くほどうまくなる。글씨는 쓰면 쓸수록 좋아진다.

スーパーは、家から近ければ近いほど便利です。마트(슈퍼마켓)는 집에서 가까우면 가까울수록 편리합니다.

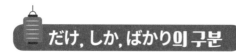

だけ, しか, ばかり의 구분

★ **〜だけ**　~만큼, ~밖에, ~뿐

범위를 한정하여 말하며, 긍정문에서 사용합니다.

(예) **できるだけ<ruby>早<rt>はや</rt></ruby>く<ruby>来<rt>き</rt></ruby>てください。** 가능한 한 빨리 와 주세요.

★ **〜しか**　~밖에

다른 것은 없다는 의미를 강조하며, 부정문에서 사용합니다.

(예) **<ruby>500円<rt>ごひゃく えん</rt></ruby>しかない。** 500엔밖에 없다.

★ **〜ばかり**　~만, ~뿐

한정의 뉘앙스로 항상 '〜만' 하고 있다는 의미입니다.

(예) **<ruby>日本<rt>に ほん</rt></ruby>のドラマばかり<ruby>見<rt>み</rt></ruby>ます。** 일본 드라마만 봅니다.

존경 표현

★ **お+ます형+になる**　~하시다
　ご+한자어+になる

'〜하시다'라는 뜻의 존경 표현입니다.

(예) <ruby>帰<rt>かえ</rt></ruby>る 돌아가다　→　**お<ruby>帰<rt>かえ</rt></ruby>りになりますか。** 돌아오십니까? / 돌아가십니까?

　　<ruby>使<rt>つか</rt></ruby>う 사용하다　→　**お<ruby>使<rt>つか</rt></ruby>いになります。** 사용하십니다.

　　<ruby>待<rt>ま</rt></ruby>つ 기다리다　→　**お<ruby>待<rt>ま</rt></ruby>ちになってください。** 기다려 주십시오.

　　<ruby>見<rt>み</rt></ruby>る 보다　→　**ご<ruby>覧<rt>らん</rt></ruby>になりましたか。** 보셨습니까?

★ 동사의 존경어

보통어	존경어
いる 있다	いらっしゃる 계시다
<ruby>行<rt>い</rt></ruby>く 가다	いらっしゃる / おいでになる 가시다
<ruby>来<rt>く</rt></ruby>る 오다	いらっしゃる / おいでになる / お<ruby>越<rt>こ</rt></ruby>しになる / お<ruby>見<rt>み</rt></ruby>えになる 오시다
する 하다	なさる 하시다

食べる 먹다 飲む 마시다	召し上がる 드시다
言う 말하다	おっしゃる 말씀하시다
知っている 알다	ご存じだ 아시다
見る 보다	ご覧になる 보시다
死ぬ 죽다	亡(な)くなる / お亡くなりになる 돌아가시다
寝る 자다	お休みになる 주무시다
着る 입다	お召しになる 입으시다
気に入る 마음에 들다	お気に召す 마음에 드시다

※ いらっしゃいませ(어서 오세요)는 いらっしゃる의 공손체 いらっしゃいます에서 ます의 명령체인 ～ませ가 된 것입니다.

※ なさる의 ます형은 なさいます가 됩니다.

예 山田さんは今、どちらにいらっしゃいますか。 야마다 씨는 지금 어디에 계십니까?

会議はいつなさいますか。 회의는 언제 하십니까?

どうぞ召し上がってください。 어서 드세요.

失礼ですが、お名前は何とおっしゃいますか。 실례지만, 성함은 뭐라고 하십니까?

その事をご存じですか。 그 일을 아십니까?

겸양 표현

★ お+ます형+する[いたす]　～드리다
　 ご+한자어+する[いたす]

나를 낮춰서 말하는 겸양 표현입니다. いたす가 する보다 상대방을 더 높이는 표현입니다.

예 お待たせいたしました。 오래 기다리셨습니다.

お願いします。 / お願いいたします。 부탁드리겠습니다.

お待ちします。 / お待ちいたします。 기다리겠습니다.

お電話します。 / お電話いたします。 전화드리겠습니다.

ご連絡します。 / ご連絡いたします。 연락드리겠습니다.

★ 동사의 겸양어

보통어	겸양어
いる 있다	おる
行<ruby>い</ruby>く 가다 来<ruby>く</ruby>る 오다	参<ruby>まい</ruby>る
する 하다	いたす
食<ruby>た</ruby>べる 먹다 飲<ruby>の</ruby>む 마시다 もらう 받다	いただく
言<ruby>い</ruby>う 말하다	申<ruby>もう</ruby>す
知<ruby>し</ruby>っている 알다	存<ruby>ぞん</ruby>じている / 存<ruby>ぞん</ruby>じておる
訪<ruby>たず</ruby>ねる 방문하다	伺<ruby>うかが</ruby>う 찾아뵙다
聞<ruby>き</ruby>く 묻다, 듣다	伺<ruby>うかが</ruby>う 여쭙다
見<ruby>み</ruby>る 보다	拝見<ruby>はいけん</ruby>する
わかる 알다	かしこまる 삼가명령을 받들다 / 承知<ruby>しょうち</ruby>する (사정 등을) 잘 알다

예 山田<ruby>やまだ</ruby>は会議室<ruby>かいぎしつ</ruby>におります。 야마다는 회의실에 있습니다.

プサンへ参<ruby>まい</ruby>ります。 부산에 갑니다.

それでは、いただきます。 그럼, 먹겠습니다.(마시겠습니다)

キムと申<ruby>もう</ruby>します。 김이라고 합니다.

あしたの午後<ruby>ごご</ruby>、伺<ruby>うかが</ruby>います。 내일 오후에 찾아뵙겠습니다.

書類<ruby>しょるい</ruby>は拝見<ruby>はいけん</ruby>しました。 서류는 보았습니다.

承知<ruby>しょうち</ruby>しました。 잘 알겠습니다.

★ 자주 쓰이는 공손한 표현

보통형	공손한 표현
～です ～입니다	～でございます
～ではありません ～이 아닙니다	～ではございません
そうですか 그렇습니까	さようでございますか
どうですか 어떻습니까	いかがですか
いいですか 괜찮습니까	よろしいですか
もらいました 받았습니다	いただきました
わかりました 알겠습니다	かしこまりました
わかりません 모르겠습니다	わかりかねます
あります 있습니다	ございます
ありません 없습니다	ございません
すみません 죄송합니다	申し訳ございません
できません 안 됩니다	できかねます / いたしかねます

예 申し訳ありませんが、私にはわかりかねます。 죄송합니다만, 저로서는 잘 모르겠습니다.

こちらの色はいかがですか。 이쪽 색상은 어떠십니까?

あしたお伺いしてもよろしいですか。 내일 찾아뵈어도 괜찮으십니까?

🎎 て형에 연결되는 공손한 표현

★ ～てくださる　～해 주시다
예 先生は私の病気を治してくださいました。 (의사) 선생님은 나의 병을 고쳐 주셨습니다.

★ ～ていただく　～해 받다, ～해 주시다
예 田中さんに記念写真を撮っていただきました。 다나카 씨가 기념 사진을 찍어 주셨습니다.

★ ～(さ)せていただく　～하게 해 받다, ～하게 해 주시다
예 説明させていただきます。 설명해 드리겠습니다.

★ ～てもらえますか　～해 주시겠습니까?

동사의 て형에 もらう(받다)의 가능형 もらえる(받을 수 있다)를 연결하면 상대방에게 뭔가를 해 달라고 부탁하는 표현이 됩니다. もらう의 희망 · 바람 표현인 もらいたい(받고 싶다)도 활용하여 말할 수도 있습니다.

> **～てもらえますか**　～해 주시겠습니까?
>
> **～てもらえませんか**　～해 주지 않겠습니까?
>
> **～てもらいたいんですが**　～해 주시길 바랍니다만

예 **両替してもらえますか。** 환전해 주시겠어요?

あそこへ運んでもらえませんか。 저쪽으로 옮겨 주시지 않겠습니까?

営業部に伝えてもらいたいんですが。 영업부에 전달해 주셨으면 하는데요.

★ ～ていただけますか　～해 주실 수 있겠습니까?

もらう의 겸양어 いただく를 쓰면 보다 공손하고 정중한 의뢰 표현이 됩니다.
다음 표현들도 매우 정중한 부탁 · 의뢰 표현이니 함께 기억해 두세요.

> **～ていただけますか**　～해 주실 수 있을까요?
>
> **～ていただきたいのですが**　～해 주셨으면 하는데요
>
> **～ていただけないでしょうか**　～해 주실 수 없을까요?

예 **ちょっと手伝っていただけますか。** 잠시 도와주실 수 있습니까?

この書類を見ていただきたいのですが。 이 서류를 봐 주셨으면 하는데요.

代わりに払っていただけないでしょうか。 대신 지불해 주실 수 없을까요?

★ お+ます형+ください　～해 주십시오
ご+한자어+ください

정중하게 부탁할 때 사용하는 표현입니다. ます형 뒤에 になって를 붙여 'お+ます형+になってください'라고 하기도 합니다.

예 **座る** 앉다　　　　　　　　　→ **お座り(になって)ください。** 앉아 주십시오.

入る 들어가다, 들어오다　　→ **お入り(になって)ください。** 들어오십시오.

書く 쓰다　　　　　　　　　→ **お書き(になって)ください。** 써 주십시오.

連絡する 연락하다　　　　　→ **明日までにご連絡ください。** 내일까지 연락해 주십시오.

종조사 총정리

일본어는 종조사가 상당히 발달되어 있습니다. 같은 표현이라도 종조사의 쓰임에 따라 전혀 의미가 달라지기도 하며, ~よね처럼 두 개의 종조사를 함께 쓰기도 합니다.

	쓰임	예
~よ	알림	財布が落ちましたよ。 지갑이 떨어졌어요.
	주의·충고·경고	学校に遅刻するよ。 학교 지각하겠다.
	대답·주장·호소	わかったよ。 알았어.
~ね	상냥함, 부드러움	この答えは間違っていますね。 이 답은 틀렸네요.
	확인·동의	大丈夫ですね？ 괜찮지요?
~よね	확인·동의	あしたの飲み会、行くよね。 내일 회식 갈 거지?
~か	의문	おいしいですか。 맛있어요?
	혼잣말	どうしようか。 어떡하지?
~な	금지	忘れるな。 잊지 마라.
	감탄	これ、うまいな。 이거 맛있는걸. / 이거 잘하는걸.
~かな	확인·동의	あした、雨降るかな。 내일 비 올까?
	가벼운 의문	試験、大丈夫かな。 시험 괜찮을까?
	혼잣말	お土産は何がいいかな。 선물은 뭐가 좋을까?
~の	질문	鈴木さん、本当に結婚するの？ 스즈키 씨 정말로 결혼해?
	가벼운 단정	私も行くの。 나도 갈 거야.
	이유 설명	仕事だから行けないの。 일해야 해서 못 가.
~わ	여성적인 느낌	それは私がやるわ。 그건 내가 할게.
~ぞ	알림	誰にも言っちゃダメだぞ。 아무한테도 말하면 안 돼.
	주의·충고·경고 (주로 남성이 사용)	そんな会社、辞めた方がいいぞ。 그런 회사 그만두는 게 좋아.

Day 01

리얼 회화 연습

1 (1) 夜早く寝れば、朝早く起きられます。

(2) 作り方がわかれば、自分で作ります。

(3) きょう荷物を送れば、あした着きます。

(4) 値段が安ければ買います。

2 (1) だんだん暖かくなりました。

(2) 兄は今年１８歳になりました。

(3) 最近、この町は人が多くなりました。

(4) 部屋を掃除して、とてもきれいになりました。

3 (1) 会えば会うほど彼のことが好きになる。

(2) この本は読めば読むほどおもしろいです。

(3) 考えれば考えるほどわからない。

(4) 食べれば食べるほど太っていきます。

4 (1) 試験が終わった後、ゆっくりしたいです。

(2) 食事をした後、必ず歯を磨きます。

(3) 家に帰った後、電話します。

(4) お風呂に入った後、すぐ寝ました。

실력 확인하기

1 1 ③   2 ②   3 ③

듣기 대본

1 どうすれば日本語が上手になりますか。

2 私は漢字が苦手です。

3 これからもっと頑張ってください。

2 1 値段が安ければ買います。

2 書けば書くほど上手になります。

3 卒業した後、就職したいです。

3 1 ②   2 ④   3 ①

Day 02

리얼 회화 연습

1 (1) 老人の人口が増えてきました。

(2) 息子は中学生になって、だいぶ変わってきました。

(3) お腹がすいてきました。

(4) ずいぶん涼しくなってきました。

2 (1) 働きすぎないようにしてください。

(2) あまり無理しすぎないようにね。

(3) 考えすぎないようにしてください。

(4) あまり食べすぎないようにしてください。

3 (1) 温泉は気持ちいいでしょう。

(2) 公園は静かでしょう。

(3) 駅前は再開発で変わったでしょう。

(4) 彼女はたぶん結婚しないでしょう。

4 (1) ひらがなだけじゃなくて、カタカナも書けます。

(2) 彼は英語だけじゃなくて、中国語もできます。

(3) 妻は考えているだけじゃなくて、行動します。

(4) 東京だけじゃなくて、沖縄や北海道も行ったことがあります。

실력 확인하기

1 1 ①   2 ②   3 ④

듣기 대본

1 仕事にだいぶ慣れてきました。

2 毎日残業でくたくたです。

3 キムさんも無理しないようにしてください。

2 1 あしたはいい天気でしょう。

2 昨日、お酒を飲みすぎて頭が痛いです。

3 遅刻しないようにしてください。

3 1 ④　　　2 ③　　　3 ④

Day 03

리얼 회화 연습

1 (1) テレビのニュースによると、今朝地震があったそうです。

(2) このボタンを押すと、お湯が出ます。

(3) 桜が咲くと、花見客でいっぱいになります。

(4) ここに車を停めると、駐車違反になります。

2 (1) だんだん涼しくなるそうです。

(2) 兄は忙しいそうです。

(3) 山田さんはきょう、病院に行くそうです。

(4) 来週は休みだそうです。

3 (1) 今度は思いきってやるしかない。

(2) 生徒は一生懸命勉強するしかないです。

(3) 箸がなかったので、のり巻きを手で食べるしかなかった。

(4) お金がなくて、歩いていくしかない。

4 (1) その話なら、みんな知ってる。

(2) あなたが行くなら、私も行こう。

(3) 暑いなら、窓を開けますよ。

(4) パスポートが必要なら、持っていきます。

실력 확인하기

1 1 ④　　　2 ②　　　3 ②

듣기 대본

1 あすの各地のお天気です。

2 天気予報によると、大雨だそうですよ。

3 水族館なんかどうですか。

2 1 春になると、花が咲きます。

2 来週は休みだそうです。

3 その話なら、みんな知っている。

3 1 ③　　　2 ①　　　3 ③

Day 04

리얼 회화 연습

1 (1) こんなに寒いなんて冬みたい。

(2) どうも風邪を引いたみたい。

(3) 外はけっこう寒いみたいです。

(4) 彼は甘い物が好きみたいです。

2 (1) 朝寝坊しちゃって、学校に遅れた。

(2) 電車に乗り遅れちゃった。

(3) 風邪を引いちゃって、行けなかった。

(4) 飲みすぎちゃって、頭が痛い。

3 (1) 予約はどうしたらいいですか。

(2) 京都はどう行ったらいいですか。

(3) この薬を飲んだら治りますか。

(4) 向こうに着いたら連絡ください。

4 (1) 在庫があるかどうか調べてみます。

(2) おいしいかどうかわかりませんが。

(3) 予約が必要かどうか聞いてみます。

(4) 陽子さんも行くかどうか教えてください。

1 1 ①　　　　2 ③　　　　3 ②

듣기 대본

1 キムさん、どこか具合でも悪いの？

2 働きすぎじゃない？

3 最近、元気ないみたい。

2 1 きょうは寒くて冬みたいです。

2 どこで降りたらいいですか。

3 あるかどうか調べてみます。

3 1 ②　　　　2 ④　　　　3 ③

1 1 ④　　　　2 ③　　　　3 ②

듣기 대본

1 もう酔ったのか。顔が真っ赤だよ。

2 なんだ、ウーロン茶か。

3 おれはウイスキー、おかわり！

2 1 お酒は飲まない方がいいですよ。

2 静かにしろ(よ)！

3 言い訳するな。

3 1 ④　　　　2 ③　　　　3 ④

Day 05

리얼 회화 연습

1 (1) 顔が真っ青だけど、大丈夫？

(2) 肌が真っ黒だね。どこか行ってきた？

(3) 緊張して頭の中が真っ白になった。

(4) 真ん中に置いてください。

2 (1) お前も手伝えよ。

(2) 静かにしろよ。

(3) よかったら、うちに来いよ。

(4) そういうの、やめろよ。

3 (1) 時間あるから、歩いてくよ。

(2) 映画でも見てく？

(3) 来週のパーティー、連れてくよ。

(4) 手土産、持ってくよ。

4 (1) 近くで見るな。

(2) バカなこと、するな。

(3) 二度と来るな。

(4) 勝手に部屋に入るな。

Day 06

리얼 회화 연습

1 (1) 私は弟に手帳をあげました。

(2) 私は彼氏にプレゼントをあげました。

(3) 私は母に花束をあげました。

(4) キムさんはパクさんに本をあげました。

2 (1) 姉は掃除を手伝ってくれました。

(2) 父は私にプレゼントを買ってくれました。

(3) お母さんはいつもおいしい夕ご飯を作って
くれます。

(4) 祖母は私と妹の面倒を見てくれました。

3 (1) 姉にハンカチをもらいました。

(2) 彼氏に指輪をもらいました。

(3) 作家にサイン本をもらいました。

(4) マリさんにお土産をもらった。

4 (1) 先生に作文を直してもらいました。

(2) きょう、美容院で髪を切ってもらいました。

(3) 駅で道を教えてもらった。

(4) 自分で作った曲を、みんなに聞いてもらった。

실력 확인하기

1 1 ③　　　2 ④　　　3 ②

듣기 대본
1 素敵な指輪ですね。
2 ルミ子さんは何をあげたんですか。
3 結婚記念日に主人がプレゼントしてくれたんです。

2 1 私は彼にプレゼントをあげました。
2 友達が宿題を手伝ってくれました。
3 用事がありますので、お先に失礼します。

3 1 ①　　　2 ②　　　3 ①

Day 07

리얼 회화 연습

1 (1) 今度の試験には受かりそうです。
(2) この店、おいしそう。
(3) 彼はとても元気そうですね。
(4) 雨が降りそうです。

2 (1) この道は夜、通らない方がいい。
(2) あの店はおいしくないから、行かない方がいい。
(3) お酒はあまり飲まない方がいいです。
(4) 初めて会った人に、年齢は聞かない方がいいです。

3 (1) 誰か来たようです。
(2) 熱があるようです。
(3) お母さんはかなり怒っているようだ。
(4) 教室に誰もいないね。きょうは授業がないようだ。

4 (1) 最近、とても忙しくて大変だと言ってました。
(2) あした、試験があると言ってました。
(3) きょうは午後から雨だと言ってました。
(4) 試験はすごく難しかったと言ってました。

실력 확인하기

1 1 ②　　　2 ④　　　3 ①

듣기 대본
1 ポケットから財布が落ちそうです。
2 この頃、涼子さん、見かけませんね。
3 そしたら会えなくなって、さびしいなあ。

2 1 この店は高そうです。
2 熱があるようです。
3 試験はすごく難しかったと言っていました。

3 1 ①　　　2 ①　　　3 ③

Day 08

리얼 회화 연습

1 (1) おばさんに足を踏まれて痛かった。
(2) 先生に叱られて元気がない。
(3) 友達に来られて困りました。
(4) 蚊に刺されてかゆい。

2 (1) ここで写真を撮らないでください。
(2) もう来ないでください。
(3) 無理しないでください。
(4) お気になさらないでください。

3 (1) パソコンをつけたまま寝てしまいました。
(2) 窓を開けたまま出かけました。
(3) あの店では、車に乗ったままコーヒーが買えます。

⑷ うどんを立ったまま食べました。

4 ⑴ 電気をつけっぱなしにしないで、ちゃんと消しましょう。

⑵ ドアを開けっぱなしにしていたら、猫が入ってきた。

⑶ 一日中立ちっぱなしで講義をしています。

⑷ お皿を洗う時は、水を出しっぱなしにしないようにしましょう。

실력 확인하기

1 1 ②   2 ①   3 ②

듣기 대본

1 おばさんに足を踏まれました。

2 遠慮なさらないで、どうぞ。

3 迷惑をかけっぱなしで、すみません。

2 1 先生に叱られました。

2 窓を開けたまま、出かけました。

3 窓を開けっぱなしにして寝た。

3 1 ④   2 ③   3 ④

Day 09

리얼 회화 연습

1 ⑴ その仕事は、私にさせてください。

⑵ もう少し考えさせてください。

⑶ 先生は学生に日本語で日記を書かせました。

⑷ 子どもの頃、私はよく親を困らせました。

2 ⑴ 最近は甘いものばかり食べている。

⑵ 肉ばかり食べないで、野菜も食べなさい。

⑶ うちの子は食事中、スマホばかり見ていて困ります。

⑷ あの人はいつも嘘ばかりつくから、全然信用できないよ。

3 ⑴ 薬を飲んだばかりです。

⑵ 今、起きたばかりです。

⑶ 電車を降りたばかりです。

⑷ 家を出たばかりです。

4 ⑴ 大勢の人が行ったり来たりします。

⑵ 買い物に行ったり友達に会ったりします。

⑶ 時間があったら、映画を見たり本を読んだりします。

⑷ 家ではゲームしたり勉強したりします。

실력 확인하기

1 1 ④   2 ②   3 ①

듣기 대본

1 ルミ子さん、心配事でもあるんですか。

2 息子さんの自由にさせてあげたらどうですか。

3 もう一度息子とよく話し合ってみます。

2 1 友達を1時間も待たせました。

2 日本のドラマばかり見ます。

3 休みの日は本を読んだりテレビを見たりします。

3 1 ②   2 ③   3 ④

Day 10

리얼 회화 연습

1 ⑴ 3時間も待たせられました。　또는
3時間も待たされました。

⑵ 子どもの時、英語を習わせられました。　또는
子どもの時、英語を習わされました。

⑶ 先生に給食を全部食べさせられました。

(4) 上司に残業させられました。

2 (1) ホテルを予約しといてください。

(2) 窓を開けといてください。

(3) ドアを閉めといてください。

(4) あそこに置いといてください。

3 (1) この橋を渡ったら、コンビニはすぐそこです。 또는
この橋を渡ると、コンビニはすぐそこです。

(2) スーパーはこの角を曲がったら、右側に見えます。 또는
スーパーはこの角を曲がると、右側に見えます。

(3) 銀行はこの道をまっすぐ行ったら、右手にあります。 또는
銀行はこの道をまっすぐ行くと、右手にあります。

(4) この道をまっすぐ行って横断歩道を渡ったら、本屋は左手にあります。 또는
この道をまっすぐ行って横断歩道を渡ると、本屋は左手にあります。

실력 확인하기

1 1 ③　　　2 ②　　　3 ③

듣기 대본
1 飲み会にいい店とか知りません？
2 あそこ「外苑」って店、けっこうよかったよ。
3 ここからどう行けばいいんですか。

2 1 昨日も飲ませられました。　또는
昨日も飲まされました。

2 窓を開けておいてください。　또는
窓を開けといてください。

3 角を曲がったらすぐ見えます。　또는
角を曲がるとすぐ見えます。

3 1 ④　　　2 ①　　　3 ②

Day 11

리얼 회화 연습

1 (1) これ、食べない？

(2) 窓、開けない？

(3) ドア、閉めない？

(4) うちに遊びに来ない？

2 (1) 東大っていうのは、東京大学のことです。

(2) デジカメっていうのは、デジタルカメラのことです。

(3) 週刊誌っていうのは、毎週一回出る雑誌のことです。

(4) 女子高生っていうのは、高校生の女の子のことです。

3 (1) 彼女はきれいだし、性格もいいです。

(2) 時間もないし、お金もないです。

(3) 駅から遠いし、部屋も気に入らなくて。

(4) 疲れたし、どこかで休もう。

4 (1) お茶でも飲もうかな。

(2) 一個食べてみようかな。

(3) 勉強でもしようかな。

(4) 少し休もうかな。

실력 확인하기

1 1 ③　　　2 ②　　　3 ④

듣기 대본
1 田中さん、一緒に帰らない？
2 部活っていうのは、クラブ活動のことだよ。
3 韓国のサークルみたいなものね。

2 1 うちに来ない？

2 時間もないし、お金もないです。

3 お茶でも飲もうかな。

3 1 ①　　　　2 ①　　　　3 ①

Day 12

리얼 회화 연습

1 (1) 先生はいついらっしゃいますか。　또는
先生はいつおいでになりますか。　또는
先生はいつお越しになりますか。　또는
先生はいつお見えになりますか。

(2) あしたいらっしゃいますか。　또는
あしたおいでになりますか。

(3) きょう、お宅にいらっしゃいますか。

(4) 昼食は召し上がりましたか。

2 (1) いかがですか

(2) よろしいですか

(3) ございません

(4) 申し訳ございません

3 (1) ご自由にお持ちください。

(2) どうぞ、お掛けください。

(3) お入りください。

(4) こちらにお名前をお書きください。

4 (1) 連絡、お待ちします。　또는
連絡、お待ちいたします。

(2) お荷物、お持ちします。　또는
お荷物、お持ちいたします。

(3) 後ほど、ご連絡します。　또는
後ほど、ご連絡いたします。

(4) あした、お電話します。　또는
あした、お電話いたします。

실력 확인하기

1 1 ④　　　　2 ③　　　　3 ②

듣기 대본

1 いらっしゃいませ。何になさいますか。

2 アイスコーヒー二つとショートケーキを一つ
お願いします。

3 アイスコーヒー二つとショートケーキ一つで
すね。かしこまりました。

2 1 失礼ですが、お名前は何とおっしゃいますか。

2 こちらの商品はいかがですか。

3 お入りください。

3 1 ②　　　　2 ①　　　　3 ④

Day 13

리얼 회화 연습

1 (1) 会議室におります。

(2) プサンへ参ります。

(3) かしこまりました。

(4) お電話いたします。

2 (1) 朝ご飯を食べずに学校に来たから、おなかが
すいた。

(2) 宿題もせずに、テレビを見ています。

(3) 彼は働かずに、酒ばかり飲んでいます。

(4) 会社に行かずに、家で寝ていました。

3 (1) 本を送っていただき、ありがとうございまし
た。

(2) 先生にほめていただいた。

(3) たくさんの方に来ていただきました。

(4) 有名なデザイナーにデザインしていただき
　　ました。

4 (1) 授業を録音させていただきます。

(2) これから発表させていただきます。

(3) あした休ませていただきます。

(4) 早く帰らせていただきます。

실력 확인하기

1 1 ②　　　　　2 ④　　　　　3 ④

듣기 대본

1 ごぶさたしております。お元気ですか。

2 日本語学校での生活が懐かしくなりました。

3 またメールいたします。

2 1 キムと申します。

2 私は先生にケーキを買っていただきました。

3 自己紹介させていただきます。

3 1 ①　　　　　2 ①　　　　　3 ③

이것만은 꼭 외우자!

도우미 단어장

町 まち 마을, 동네	**就職** しゅうしょく 취직
勉強 べんきょう 공부	**値段** ねだん 가격, 값
字 じ 글자, 글씨	**試験** しけん 시험
コンビニ 편의점	**なる** 되다
卒業 そつぎょう 졸업	**わかる** 알다, 이해하다
財布 さいふ 지갑	**歩く** あるく 걷다
映画 えいが 영화	**酔う** よう (술에) 취하다
意味 いみ 의미	**終わる** おわる 끝나다, 마치다
食事 しょくじ 식사	**覚える** おぼえる 외우다, 익히다
仕事 しごと 일, 업무	**帰る** かえる 돌아가다
漢字 かんじ 한자	**気づく** きづく 깨닫다, 알아차리다
絵 え 그림	**太る** ふとる 살찌다
工夫 くふう 여러 가지 궁리함	**お風呂に入る** おふろにはいる 목욕하다

2

薬を飲む 약을 먹다

前から 전부터

勇気を出す 용기를 내다

きっと 꼭, 반드시

テストを受ける 시험을 보다

もっと 더욱

難しい 어렵다

できれば 가능하면, 될 수 있으면

近い 가깝다

~ほど ~정도, ~(할)수록

上手だ 잘하다

~てから ~하고나서, ~하고부터

苦手だ 서투르다, 힘들다

~ように ~하도록

にぎやかだ 번화하다

~なんか ~등, ~따위

便利だ 편리하다

~てはいけない
~해서는 안 된다

ゆっくり 천천히

いつでも 언제든지

どんどん 점점

いちばん 가장, 제일

てん き
天気 날씨

へいじつ
平日 평일

はる
春 봄

しゅうまつ
週末 주말

おなか 배

じ だい
時代 시대

め
目 눈

なが
流れ 흐름

あたま
頭 머리

じょうほう
情報 정보

ち こく
遅刻 지각

く ろう
苦労 고생, 힘듦

ふく
服 옷

ざんぎょう
残業 야근, 잔업

はこ
箱 상자

ふ けい き
不景気 불경기

じんせい
人生 인생

な
慣れる 익숙해지다

いち ど
一度 한번

もど
戻る 되돌아오다

まえがみ
前髪 앞머리

つ あ
付き合う 사귀다, 교제하다

しんぶん
新聞 신문

み
見える 보이다

と しょかん
図書館 도서관

かんが
考える 생각하다

4

習う 배우다

暖かい 따뜻하다

変わる 바뀌다, 변하다

痛い 아프다

切る 자르다

大変だ 큰일이다, 힘들다

出る 나오다

だいぶ 상당히, 꽤

開く 열리다

そろそろ 이제 슬슬, 곧

頑張る 열심히 하다

いっぱい 가득

遅れる 늦다, 뒤떨어지다

きっと 분명, 반드시

集める 모으다

たぶん 아마

無理する 무리하다

ずいぶん 꽤, 상당히

気をつける 주의하다

もうすぐ 이제 곧

靴をはく 신발을 신다

ほかの 다른

雨が止む 비가 그치다

できるだけ 가능한 한

親しい 친하다

くたくた 녹초가 됨

天気予報 일기예보

ところ 곳, 장소

大雨 큰비

休み 휴가, 휴일, 방학

大雨注意報 호우주의보

夏 여름

雷雨 뇌우

勉強 공부

来月 다음 달

動物園 동물원

明日 내일

水族館 수족관

今度 다음번, 이번

図書館 도서관

あと 뒤, 나중, 다음

各地 각지

三日 3일, 사흘

花見 꽃구경

お金 돈

客 손님

切符 표

箸 젓가락

ニュース 뉴스

パスポート 여권

空港 공항

入れる 넣다

開ける 열다

入る 들다, 들어가다

知る 알다

できる 생기다, 할 수 있다

やる 하다

過ごす 보내다, 지내다

晴れる 맑다, 날이 개다

花が咲く 꽃이 피다

電気をつける 불을 켜다

涼しい 시원하다, 선선하다

忙しい 바쁘다

おいしい 맛있다

うれしい 기쁘다

大丈夫だ 괜찮다

無理だ 무리이다

本当だ 정말이다

だんだん 점점

思いきって 과감하게

一生懸命 열심히

もしも 만약

～しか ～밖에

～によると ～에 따르면

～によっては ～에 따라서는

～なんか ～등, ～따위

^{さいきん}
最近 최근, 요즘

^{へんじ}
返事 답장

^{そと}
外 밖

^{ていじ}
定時 정시, 제시간

^{もの}
物 것, 물건

^{よやく}
予約 예약

^{ふゆ}
冬 겨울

^{ざいこ}
在庫 재고

ウソ 거짓말(= 嘘^{うそ})

^{ぐあい}
具合 형편, 상태

^{ははおや}
母親 어머니, 모친

^{はたら}
働きすぎ 과로

けんか 싸움

^{そうだん}
相談 상담

^{そうじ}
掃除 청소

ステーキ 스테이크

^{せんたく}
洗濯 빨래, 세탁

^{ことば}
言葉 말, 단어

^{どようび}
土曜日 토요일

まとめる 모으다

^{あたま}
頭 머리

^の
飲みすぎる 과음하다

^{でんわ}
電話 전화

^お
終わる 끝나다

メール 메일

^{てつだ}
手伝う 도와주다

出る^で 나가다, 나오다

どうも 아무래도

送る^{おく} 보내다

けっこう 꽤, 상당히

調べる^{しら} 조사하다

ちょうど 마침, 딱

待つ^ま 기다리다

もし 만약

ご馳走する^{ち そう} 대접하다

すぐに 바로

甘える^{あま} 응석 부리다

どうか 어떨지

風邪を引く^{か ぜ ひ} 감기에 걸리다

実は^{じっ} 실은

寒い^{さむ} 춥다

〜ながら 〜하면서

甘い^{あま} 달다

痛い^{いた} 아프다

元気がない^{げん き} 기운이 없다

暇だ^{ひま} 한가하다

必要だ^{ひつよう} 필요하다

顔 <ruby>かお</ruby> 얼굴

真っ赤 <ruby>ま</ruby><ruby>か</ruby> 새빨강

今晩 <ruby>こんばん</ruby> 오늘 밤

うち 우리 집

こっち 이쪽

あっち 저쪽(=あちら)

今度 <ruby>こん</ruby><ruby>ど</ruby> 이번, 다음번

言い訳 <ruby>い</ruby><ruby>わけ</ruby> 변명, 핑계

ウーロン茶 <ruby>ちゃ</ruby> 우롱차

ウイスキー 위스키

おかわり 한 잔 더, 한 그릇 더
(같은 음식을 다시 더 먹음, 또는 그 음식)

もう一軒 <ruby>いっけん</ruby> 한 집 더, 한 곳 더

座る <ruby>すわ</ruby> 앉다

止まる <ruby>と</ruby> 멈추다

やめる 그만두다

帰る <ruby>かえ</ruby> 돌아가다

送る <ruby>おく</ruby> 보내다, 바래다주다

持つ <ruby>も</ruby> 들다, 가지다

やる 하다

酔う <ruby>よ</ruby> 취하다

心配する <ruby>しんぱい</ruby> 걱정하다

さしつかえる 지장이 있다

静かにする <ruby>しず</ruby> 조용히 하다

タバコを吸う <ruby>す</ruby> 담배를 피우다

お腹がすく <ruby>なか</ruby> 배가 고프다

早^{はや}く　빨리

ちょっと　잠깐, 조금

そんな　그런

そんなに　그렇게

もう　벌써

簡単^{かんたん}に　간단히, 쉽게

なんだ　뭐야

おい　이봐
(친한 사이나 아랫사람을 부를 때 사용)

～こそ　～야말로

Day 06

プレゼント 선물

となり ひと
隣の人 이웃 사람

こいびと
恋人 연인, 애인

ひ こ
引っ越し 이사

おとうと
弟 남동생

み あ けっこん
お見合い結婚 중매 결혼

しゅくだい
宿題 숙제

ようじ
用事 볼일, 용무

ほん
本 책

しょしんしゃ
初心者 초보(자)

しゅじん
主人 남편

ゆうしょく
夕食 저녁 식사

むす こ
息子 아들

ゆび わ
指輪 반지

あね
姉 언니, 누나

たんじょう び
誕生日 생일

ワイン 와인

けっこん き ねん び
結婚記念日 결혼기념일

バラ 장미

じょうだん
冗談 농담

はな
花 꽃

こう か
高価 고가

はなたば
花束 꽃다발

うで ど けい
腕時計 손목시계

ハンカチ 손수건

かんこうきゃく
観光客 관광객

道 みち 길

駅 えき 역

あげる 주다

くれる (남이 나에게) 주다

もらう 받다

教える おし 가르치다, 알려 주다

買う か 사다

知る し 알다

失礼する しつれい 실례하다

自信がある じ しん 자신이 있다

うらやましい 부럽다

やさしい 상냥하다, 자상하다

おしゃれだ 멋을 내다, 멋지다

十分だ じゅうぶん 충분하다

素敵だ す てき 근사하다, 멋지다

先に さき 먼저

少し すこ 조금

実は じつ 실은, 사실은

それで 그것으로

そしたら 그렇게 하니까, 그러자

あら 어머나(놀람, 여성어)

まあ 어머

ポケット 호주머니

財布 지갑
さい ふ

赤ちゃん 아기
あか

道 길
みち

ゴールデンウィーク
골든위크(4월말~5월초 일본의 연휴)

観光地 관광지
かんこう ち

初めて 처음
はじ

午後 오후
ご ご

年齢 나이, 연령
ねんれい

牛乳 우유
ぎゅうにゅう

時々 가끔, 때때로
ときどき

スポーツ 스포츠, 운동

救急車 구급차
きゅうきゅうしゃ

事故 사고
じ こ

足音 발소리
あしおと

誰か 누군가
だれ

人形 인형
にんぎょう

選手 선수
せんしゅ

チョコレート 초콜릿

甘い物 단것
あま   もの

就職 취직
しゅうしょく

就活 구직 활동(= 就職活動)
しゅうかつ   しゅうしょくかつどう

海外勤務 해외 근무
かいがいきん む

落ちる 떨어지다
お

なくす 잃어버리다

14

入れる 넣다

通る 지나가다

混む 붐비다, 혼잡하다

怒鳴る 호통치다, 고함치다

怒る 성내다, 화내다

見かける 눈에 띄다

髪を切る 머리를 자르다

熱がある 열이 있다

試験に受かる 시험에 붙다

さびしい 외롭다, 쓸쓸하다

元気だ 건강하다

真面目だ 성실하다

完璧だ 완벽하다

ばっさり 싹둑, 싹

さっきから 아까부터

かなり 꽤

まるで 마치

例えば 예를 들면, 가령

前にも 전에도

～かもしれない ～일지 모른다

そういえば 그러고 보니

この頃 요즘

なかなか 좀처럼

コーヒー 커피

たくさんの人 많은 사람

心配 걱정

誤解 오해

旅行 여행

準備 준비

ハンバーガー 햄버거

椅子 의자

昔 옛날

泥 진흙, 흙

ハンカチ 손수건

タオル 타월

ずぶ濡れ 흠뻑 젖음

講演会 강연회

講義 강의

出かける 외출하다

叱る 꾸짖다, 혼내다

濡れる 젖다

遠慮する 사양하다

着る (옷을) 입다

立つ 서다

疲れる 피로하다, 피곤하다

はねる 튀다, 뛰어오르다

汚す 더럽히다

困る 곤란하다, 난처하다

消す (전기 등을) 끄다, 지우다

雨が降る 비가 오다

雨に降られる 비를 맞다

写真を撮る 사진을 찍다

気にする 신경 쓰다

風邪を引く 감기에 걸리다

メガネをかける 안경을 쓰다

顔を洗う 세수를 하다

窓を開ける 창문을 열다

車に乗る 차를 타다

迷惑をかける 폐를 끼치다

水を出す 물을 틀다

蚊に刺される 모기에 물리다

皿を洗う 설거지를 하다

悪い 미안하다, 나쁘다

すまない 미안하다

かゆい 가렵다

同じだ 같다

きれいだ 깨끗하다, 예쁘다

久しぶりに 오랜만에

おまけに 게다가, 그 위에

いや 아니, 아냐

すぐそこ 바로 옆

17

Day 09

<ruby>塾<rt>じゅく</rt></ruby> 학원	<ruby>牛乳<rt>ぎゅうにゅう</rt></ruby> 우유
<ruby>母親<rt>ははおや</rt></ruby> 어머니, 모친	パン 빵
<ruby>上司<rt>じょうし</rt></ruby> 상사	コーヒー 커피
<ruby>部下<rt>ぶか</rt></ruby> 부하	<ruby>心配事<rt>しんぱいごと</rt></ruby> 걱정거리
うちの<ruby>子<rt>こ</rt></ruby> 우리 아이	<ruby>家<rt>いえ</rt></ruby> 집
お<ruby>子<rt>こ</rt></ruby>さん 자제분	<ruby>選手<rt>せんしゅ</rt></ruby> 선수
<ruby>野菜<rt>やさい</rt></ruby> 야채, 채소	<ruby>肉<rt>にく</rt></ruby> 고기
サッカー 축구	スマホ 스마트폰
<ruby>宿題<rt>しゅくだい</rt></ruby> 숙제	グラウンド 운동장
<ruby>休<rt>やす</rt></ruby>みの<ruby>日<rt>ひ</rt></ruby> 쉬는 날, 휴가	<ruby>信用<rt>しんよう</rt></ruby> 신용
プール 수영장	<ruby>走<rt>はし</rt></ruby>る 달리다
<ruby>季節<rt>きせつ</rt></ruby> 계절	<ruby>起<rt>お</rt></ruby>きる 일어나다
<ruby>朝<rt>あさ</rt></ruby> 아침	<ruby>遊<rt>あそ</rt></ruby>ぶ 놀다

MP3 W-1-09

びっくりする 놀라다

出る 나오다

入る 들어가다

話し合う 의논하다

呼ぶ 부르다

自由にする 자유롭게 하다

席につく 자리에 앉다

薬を飲む 약을 먹다

買い物に行く 쇼핑하러 가다

日記を書く 일기를 쓰다

電車を降りる 전철에서 내리다

嘘をつく 거짓말을 하다

危ない 위험하다

暑い 덥다

寒い 춥다

楽しい 즐겁다

たくさん 많이

まだ 아직

よく 잘, 자주

もう一度 한 번 더

全然 전혀

19

勉強 공부

飲み会 회식

店 가게

二日酔い 숙취

予約 예약

スーパー 슈퍼마켓

コピー用紙 복사 용지

銀行 은행

道 길

本屋 서점

角 모퉁이

ドア 문

右 오른쪽

給食 급식

右手 오른편(= 右側)

話す 말하다

左手 왼편(= 左側)

閉める 닫다

二つ目 두 번째

置く 두다, 놓다

出口 출구

知る 알다

交差点 교차로

片付ける 정리하다

横断歩道 횡단보도

覚える 외우다, 익히다

20

助_{たす}かる 도움이 되다

曲_まがる 돌다, 구부러지다

見_みえる 보이다

かかる (시간, 비용이) 걸리다

止_とめる 멈추다

降_おりる 내리다

乗_のり換_かえる 갈아타다

歌_{うた}を歌_{うた}う 노래를 부르다

大変_{たいへん}だ 힘들다, 큰일이다

ちょっと 잠깐, 조금

後_{あと}で 나중에, 후에

まっすぐ 곧장, 똑바로

けっこう 꽤, 상당히

窓 ^{まど} 창문

ドア 문

部屋 ^{へ や} 방

アパート 아파트

駅 ^{えき} 역

ご飯 ^{はん} 밥

部活 ^{ぶ かつ} 부활동

サークル 서클, 동아리

クラブ 클럽

活動 ^{かつどう} 활동

興味 ^{きょう み} 흥미, 관심

入部 ^{にゅう ぶ} 입부

美術部 ^{び じゅつ ぶ} 미술부

絵 ^え 그림

浴槽 ^{よくそう} 욕조

各駅停車 ^{かくえきていしゃ} 각 역 정차(= 各停^{かくてい})

パソコン PC, 퍼스널 컴퓨터

コンピューター 컴퓨터

性格 ^{せいかく} 성격

先輩 ^{せんぱい} 선배

波 ^{なみ} 파도

お茶 ^{ちゃ} 차

一度 ^{いち ど} 한번

雑誌 ^{ざっし} 잡지

週刊誌 ^{しゅうかん し} 주간지

開ける ^あ 열다

閉める 닫다

引っ越す 이사하다

入る 들어가다, 들어오다

書く 쓰다

しまう 넣다, 간직하다

疲れる 피곤하다

休む 쉬다

気に入る 마음에 들다

危ない 위험하다

遠い 멀다

大丈夫だ 괜찮다

にぎやかだ 활기차다

もちろん 물론

どうして 어째서, 왜

一人で 혼자서

一緒に 같이, 함께

～ばかり ～뿐, ～만

～みたいだ ～인 것 같다

Day 12

会議 회의

失礼 실례

名前 이름

こちら 이쪽

商品 상품

明日 내일, 명일

連絡 연락

返事 답장, 회신

持ち帰り 가지고 돌아감

昼食 점심 식사

お宅 댁

荷物 짐

アイスコーヒー 아이스커피

ホールケーキ 홀 케이크
(매장에서 파는 케이크)

バースデー 생일

二つ 두 개

なさる 하시다

召し上がる 드시다

おっしゃる 말씀하시다

伺う 찾아뵙다('방문하다'의 겸양어)

いたす 드리다('하다'의 겸양어)

まいる 가시다, 오시다
('가다', '오다'의 겸양어)

掛ける 걸다, 앉다

願う 바라다, 부탁하다

持つ 들다, 가지다

24

確^{たし}かめる 확인하다

遅^{おそ}くなる 늦어지다

何^{なん}と 뭐라고

少々^{しょうしょう} 잠시

誠^{まこと}に 진심으로, 참으로

あと 그리고

後^{のち}ほど 추후에, 나중에

～まで(に) ～까지

メール 메일	<ruby>授業<rt>じゅぎょう</rt></ruby> 수업
<ruby>会議室<rt>かいぎしつ</rt></ruby> 회의실	<ruby>内容<rt>ないよう</rt></ruby> 내용
<ruby>書類<rt>しょるい</rt></ruby> 서류	<ruby>録音<rt>ろくおん</rt></ruby> 녹음
あいさつ 인사	<ruby>生活<rt>せいかつ</rt></ruby> 생활
<ruby>資料<rt>しりょう</rt></ruby> 자료	<ruby>就活<rt>しゅうかつ</rt></ruby> 취업 활동
<ruby>写真<rt>しゃしん</rt></ruby> 사진	<ruby>就職難<rt>しゅうしょくなん</rt></ruby> 취직난
<ruby>英語<rt>えいご</rt></ruby> 영어	<ruby>桜<rt>さくら</rt></ruby> 벚꽃
<ruby>発表<rt>はっぴょう</rt></ruby> 발표	<ruby>見<rt>み</rt></ruby>ごろ (꽃 등을)보기에 좋은 시기
<ruby>説明<rt>せつめい</rt></ruby> 설명	<ruby>案内<rt>あんない</rt></ruby> 안내
<ruby>自己紹介<rt>じこしょうかい</rt></ruby> 자기소개	デザイナー 디자이너
<ruby>風邪気味<rt>かぜぎみ</rt></ruby> 감기 기운	デザイン 디자인
<ruby>体<rt>からだ</rt></ruby> 몸	あきらめる 포기하다
<ruby>調子<rt>ちょうし</rt></ruby> 상태	<ruby>頑張<rt>がんば</rt></ruby>る 열심히 하다

働く 일하다

辞める (일을)그만두다

送る 보내다

くださる 주시다

いただく 받다(もらう의 겸양어)

散る 떨어지다

教える 가르치다, 알려 주다

伺う 찾아뵙다

休む 쉬다

経つ 시간이 지나다

ふとんをかける 이불을 덮다

役に立つ 도움이 되다

暑い 덥다

懐かしい 그립다

それでは 그럼, 그러면

これから 지금부터, 앞으로

是非 꼭

〜ばかり 〜뿐, 〜만

〜つもりです 〜할 생각입니다

〜より 〜올림

필수 한자
단어장

人 사람 인	훈독 ひと 음독 じん にん	<ruby>人<rt>ひと</rt></ruby> 사람 ｜ <ruby>人々<rt>ひとびと</rt></ruby> 사람들 あの<ruby>人<rt>ひと</rt></ruby> 저 사람 ｜ どの<ruby>人<rt>ひと</rt></ruby> 누구 <ruby>人生<rt>じんせい</rt></ruby> 인생 ｜ <ruby>老人<rt>ろうじん</rt></ruby> 노인 <ruby>人気<rt>にんき</rt></ruby> 인기 ｜ <ruby>人形<rt>にんぎょう</rt></ruby> 인형
男 사내 남	훈독 おとこ 음독 だん なん	<ruby>男<rt>おとこ</rt></ruby> 남자 ｜ <ruby>男<rt>おとこ</rt></ruby>の<ruby>子<rt>こ</rt></ruby> 남자아이 <ruby>男子<rt>だんし</rt></ruby> 남자 ｜ <ruby>男女<rt>だんじょ</rt></ruby> 남녀 <ruby>長男<rt>ちょうなん</rt></ruby> 장남
女 계집 녀	훈독 おんな め 음독 じょ にょう	<ruby>女<rt>おんな</rt></ruby>の<ruby>子<rt>こ</rt></ruby> 여자아이 <ruby>女神<rt>めがみ</rt></ruby> 여신 <ruby>女子<rt>じょし</rt></ruby> 여자 ｜ <ruby>女性<rt>じょせい</rt></ruby> 여성 <ruby>女房<rt>にょうぼう</rt></ruby> 아내, 마누라
者 놈 자	훈독 もの 음독 しゃ	<ruby>者<rt>もの</rt></ruby> 사람, 자 ｜ <ruby>若者<rt>わかもの</rt></ruby> 젊은이 <ruby>医者<rt>いしゃ</rt></ruby> 의사 ｜ <ruby>学者<rt>がくしゃ</rt></ruby> 학자 ｜ <ruby>記者<rt>きしゃ</rt></ruby> 기자
友 벗 우	훈독 とも 음독 ゆう	<ruby>友<rt>とも</rt></ruby> 벗 ｜ <ruby>友達<rt>ともだち</rt></ruby> 친구 <ruby>友情<rt>ゆうじょう</rt></ruby> 우정 ｜ <ruby>友人<rt>ゆうじん</rt></ruby> 벗, 친구 ｜ <ruby>親友<rt>しんゆう</rt></ruby> 친우, 친한 벗

家 집 가	훈독 いえ うち や 음독 か け	<ruby>家<rt>いえ</rt></ruby> 집 ǀ <ruby>家出<rt>いえで</rt></ruby> 가출 <ruby>家<rt>うち</rt></ruby> 집, 가정 <ruby>家<rt>や</rt></ruby> 집 ǀ <ruby>家賃<rt>やちん</rt></ruby> 집세 <ruby>家事<rt>かじ</rt></ruby> 가사 ǀ <ruby>家族<rt>かぞく</rt></ruby> 가족 <ruby>本家<rt>ほんけ</rt></ruby> 본가
親 친할 친	훈독 おや したしい 음독 しん	<ruby>親<rt>おや</rt></ruby> 부모 ǀ <ruby>親子<rt>おやこ</rt></ruby> 부모 자식 <ruby>親<rt>した</rt></ruby>しい 친하다 <ruby>親切<rt>しんせつ</rt></ruby> 친절 ǀ <ruby>両親<rt>りょうしん</rt></ruby> 양친, 부모님
子 아들 자	훈독 こ 음독 し す	<ruby>子供<rt>こども</rt></ruby> 어린이 ǀ <ruby>息子<rt>むすこ</rt></ruby> 아들 <ruby>女子<rt>じょし</rt></ruby> 여자 ǀ <ruby>調子<rt>ちょうし</rt></ruby> 컨디션, 상태 <ruby>椅子<rt>いす</rt></ruby> 의자
出 날 출	훈독 でる だす 음독 しゅつ	<ruby>出<rt>で</rt></ruby>る 나오다 ǀ <ruby>出会<rt>であ</rt></ruby>う 만나다 ǀ <ruby>出<rt>で</rt></ruby>かける 외출하다 ǀ <ruby>出口<rt>でぐち</rt></ruby> 출구 <ruby>出<rt>だ</rt></ruby>す 꺼내다 ǀ <ruby>引<rt>ひ</rt></ruby>き<ruby>出<rt>だ</rt></ruby>し 서랍 <ruby>出張<rt>しゅっちょう</rt></ruby> 출장 ǀ <ruby>出発<rt>しゅっぱつ</rt></ruby> 출발
使 부릴 사	훈독 つかう 음독 し	<ruby>使<rt>つか</rt></ruby>う 사용하다 ǀ <ruby>使<rt>つか</rt></ruby>い<ruby>方<rt>かた</rt></ruby> 사용법 <ruby>使用<rt>しよう</rt></ruby> 사용 ǀ <ruby>大使館<rt>たいしかん</rt></ruby> 대사관

見
볼 견

훈독	みる	見る 보다 ｜ 見つける 발견하다 ｜
		お見舞い 병문안
	みえる	見える 보이다
	みせる	見せる 보여 주다
음독	けん	見学 견학 ｜ 見物 구경

力
힘 력

훈독	ちから	力 힘
음독	りょく	全力 전력 ｜ 努力 노력
	りき	力士 스모 선수 ｜ 自力 자력

休
쉴 휴

훈독	やすむ	休む 쉬다 ｜ 休み 휴식, 휴일 ｜
		夏休み 여름 방학, 여름휴가
음독	きゅう	休日 휴일 ｜ 休憩 휴게

手
손 수

훈독	て	手 손 ｜ 手紙 편지 ｜ 手伝う 돕다 ｜
	た	下手 서투름, 잘 못함
음독	しゅ	歌手 가수 ｜ 握手 악수
예외		上手 능숙함, 잘함

指
손가락 지

훈독	ゆび	指 손가락 ｜ 指輪 반지
	さす	指す 가리키다 ｜ 目指す 지향하다
음독	し	指示 지시 ｜ 指導 지도

足 발 족	훈독 あし 　　たりる 　　たす 음독 そく	足 발 ｜ 足音 발소리 足りない 부족하다 足す 더하다 ｜ 足し算 덧셈 不足 부족 ｜ 満足 만족
覚 깨달을 각	훈독 おぼえる 　　さめる 　　さます 음독 かく	覚える 외우다, 기억하다 覚める 깨다 覚ます 깨우다 覚悟 각오 ｜ 感覚 감각
声 소리 성	훈독 こえ 음독 せい	声 목소리 ｜ 大声 큰 소리 声優 성우 ｜ 音声 음성
聞 들을 문	훈독 きく 　　きこえる 음독 ぶん 　　もん	聞く 듣다, 묻다 ｜ 聞き取り 청해 聞こえる 들리다 新聞 신문 ｜ 見聞 견문 聴聞会 청문회
着 붙을 착	훈독 きる 　　つく 음독 ちゃく	着る 입다 ｜ 着物 기모노 着く 도착하다 着席 착석 ｜ 到着 도착

始 처음 시	훈독 はじめる はじまる 음독 し	^{はじ}始める 시작하다 ^{はじ}始まる 시작되다 ^{し じゅう}始終 시종 ㅣ ^{かい し}開始 개시
初 처음 초	훈독 はじめ はつ うい 음독 しょ	^{はじ}初めて 처음으로 ^{はつこい}初恋 첫사랑 ㅣ ^{はつゆき}初雪 첫눈 ^{うい}初 첫 ㅣ ^{ういざん}初産 초산 ^{しょきゅう}初級 초급 ㅣ ^{さいしょ}最初 최초
後 뒤 후	훈독 のち あと うしろ 음독 ご こう	^{のち}後 후(시간) ㅣ ^{のち}後ほど 나중에 ^{あと}後 뒤, 나중에(시간, 공간) ^{うし}後ろ 뒤(공간) ㅣ ^{うし すがた}後ろ姿 뒷모습 ^{さい ご}最後 최후 ㅣ ^{しょく ご}食後 식후 ^{こうはい}後輩 후배
先 먼저 선	훈독 さき 음독 せん	^{さき}先 앞 ㅣ ^{さき}先に 먼저 ^{せんげつ}先月 지난달 ㅣ ^{せんせい}先生 선생님 ㅣ ^{せんぱい}先輩 선배
今 지금 금	훈독 いま 음독 こん	^{いま}今 지금, 이제 ㅣ ^{いま}今すぐ 이제곧 ^{こんしゅう}今週 이번주 ㅣ ^{こん ど}今度 이번 예외 ^{きょう}今日 오늘 ㅣ ^{ことし}今年 올해

過 지날 과	훈독 あやまち	**過**ち 잘못, 실수	
	すごす	**過**ごす 보내다, 지내다	
	すぎる	**過**ぎる 통과하다, 지나다	
	음독 か	**過去** 과거 | **過程** 과정	

去 갈 거	훈독 さる	**去**る 지나가다, 떠나다, 끝나다	
	음독 きょ	**去年** 작년 | **除去** 제거	
	こ	**過去** 과거	

日 날 일	훈독 ひ	**日** 해, 날 | **日帰**り 당일치기	
	음독 にち	**日曜日** 일요일 | **日記** 일기	
	じつ	**先日** 요전 날	
	예외 **一昨日** 그저께 | **昨日** 어제		

間 사이 간	훈독 あいだ	**間** 사이, 동안 | この**間** 요전, 일전	
	ま	**間違**う 틀리다, 잘못되다	
	음독 かん	**間食** 간식	
	けん	**世間** 세상, 사회 | **人間** 인간	

時 때 시	훈독 とき	**時** 때 | **時々** 때때로	
	음독 じ	**時間** 시간 | **時代** 시대	
	예외 **時計** 시계		

夜 밤 야	훈독 よる よ 음독 や	夜 ^{よる} 저녁 夜空 ^{よぞら} 밤하늘 ǀ 夜中 ^{よなか} 밤중 夜食 ^{やしょく} 야식 ǀ 今夜 ^{こんや} 오늘 밤
知 알 지	훈독 しる しらせる 음독 ち	知る ^し 알다 ǀ 知り合い ^{し あ} 아는 사이 知らせる ^し 알리다 知識 ^{ちしき} 지식 ǀ 承知 ^{しょうち} 알아들음
会 만날 회	훈독 あう 음독 かい え	会う ^あ 만나다 ǀ 出会い ^{で あ} 만남 会社 ^{かいしゃ} 회사 ǀ 会話 ^{かい わ} 회화 会得 ^{え とく} 터득
物 물건 물	훈독 もの 음독 ぶつ もつ	物 ^{もの} 물건, 것 ǀ 物語 ^{ものがたり} 이야기 見物 ^{けんぶつ} 구경 ǀ 動物 ^{どうぶつ} 동물 荷物 ^{に もつ} 짐 ǀ 作物 ^{さくもつ} 작물
気 기운 기	음독 き け	気持ち ^{き も} 기분 ǀ 人気 ^{にんき} 인기 気に入る ^{き い} 마음에 들다 気配 ^{け はい} 기미, 낌새 ǀ 人気 ^{ひとけ} 인기척
問 물을 문	훈독 とう とい 음독 もん	問う ^と 묻다 問い合わせ ^{と あ} 조회, 문의 問題 ^{もんだい} 문제 ǀ 訪問 ^{ほうもん} 방문

教 가르칠 교	훈독 おしえる おそわる 음독 きょう	教える 가르치다 | 教え子 제자 教わる 배우다 教育 교육 | 教室 교실
習 익힐 습	훈독 ならう 음독 しゅう	習う 배우다 | 見習う 본받다 習慣 습관 | 復習 복습 | 練習 연습
答 대답할 답	훈독 こたえる 음독 とう	答える 대답하다 | 答え 대답 | 口答え 말대답 答案 답안 | 解答 해답
心 마음 심	훈독 こころ 음독 しん	心 마음 | 真心 진심 心配 걱정 | 熱心 열심
思 생각할 사	훈독 おもう 음독 し	思う 생각하다 | 思い出 추억 思想 사상 | 不思議 이상함
考 생각할 고	훈독 かんがえる 음독 こう	考える 생각하다 参考書 참고서 | 思考 사고

向 향할 향	훈독 むける	向ける ^む 향하게 하다, 돌리다
	むく	向く ^む 향하다
	むこう	向こう ^む 맞은편, 건너편
	음독 こう	傾向 ^{けいこう} 경향 | 方向 ^{ほうこう} 방향

外 바깥 외	훈독 そと	外 ^{そと} 밖 | 外側 ^{そとがわ} 바깥쪽
	ほか	外に ^{ほか} (그)외에
	はずす	外す ^{はず} 떼다, 벗다
	はずれる	外れる ^{はず} 벗어나다, 어긋나다
	음독 がい	外国 ^{がいこく} 외국 | 郊外 ^{こうがい} 교외
	げ	外科 ^{げか} 외과

楽 즐거울 락 악기 악	훈독 たのしい	楽しい ^{たの} 즐겁다
	たのしむ	楽しみ ^{たの} 즐거움
	음독 がく	音楽 ^{おんがく} 음악 | 楽器 ^{がっき} 악기
	음독 らく	快楽 ^{かいらく} 쾌락 | 気楽 ^{きらく} 마음이 편함

悪 악할 악 미워할 오	훈독 わるい	悪い ^{わる} 나쁘다 | 悪口 ^{わるぐち} 욕
	음독 あく	悪人 ^{あくにん} 악인 | 悪用 ^{あくよう} 악용
	お	悪寒 ^{おかん} 오한

好 좋을 호	훈독 このむ	<ruby>好<rt>この</rt></ruby>む 좋아하다, 즐기다
	すく	<ruby>好<rt>す</rt></ruby>き<ruby>嫌<rt>きら</rt></ruby>い 좋아함과 싫어함
	음독 こう	<ruby>好<rt>こう</rt></ruby><ruby>感<rt>かん</rt></ruby> 호감 ㅣ <ruby>好<rt>こう</rt></ruby><ruby>奇<rt>き</rt></ruby><ruby>心<rt>しん</rt></ruby> 호기심

話 말씀 화	훈독 はなす	<ruby>話<rt>はな</rt></ruby>す 이야기하다 ㅣ <ruby>話<rt>はなし</rt></ruby> 말, 이야기
	음독 わ	<ruby>話<rt>わ</rt></ruby><ruby>題<rt>だい</rt></ruby> 화제 ㅣ <ruby>会<rt>かい</rt></ruby><ruby>話<rt>わ</rt></ruby> 회화 ㅣ
		<ruby>電<rt>でん</rt></ruby><ruby>話<rt>わ</rt></ruby> 전화 ㅣ <ruby>童<rt>どう</rt></ruby><ruby>話<rt>わ</rt></ruby> 동화

言 말씀 언	훈독 いう	<ruby>言<rt>い</rt></ruby>う 말하다 ㅣ <ruby>言<rt>い</rt></ruby>い<ruby>方<rt>かた</rt></ruby> 말투
	こと	<ruby>言<rt>こと</rt></ruby><ruby>葉<rt>ば</rt></ruby> 말, 언어
	음독 げん	<ruby>言<rt>げん</rt></ruby><ruby>語<rt>ご</rt></ruby> 언어 ㅣ <ruby>言<rt>げん</rt></ruby><ruby>行<rt>こう</rt></ruby> 언행

変 변할 변	훈독 かえる	<ruby>変<rt>か</rt></ruby>える 바꾸다
	かわる	<ruby>変<rt>か</rt></ruby>わる 바뀌다, 변하다
	음독 へん	<ruby>変<rt>へん</rt></ruby><ruby>化<rt>か</rt></ruby> 변화 ㅣ <ruby>変<rt>へん</rt></ruby><ruby>更<rt>こう</rt></ruby> 변경

当 마땅할 당	훈독 あたる	<ruby>当<rt>あ</rt></ruby>たる 맞다, 적중하다
	あてる	<ruby>当<rt>あ</rt></ruby>てる 대다, 맞히다
	음독 とう	<ruby>当<rt>とう</rt></ruby><ruby>時<rt>じ</rt></ruby> 당시 ㅣ <ruby>見<rt>けん</rt></ruby><ruby>当<rt>とう</rt></ruby> 짐작

別 나눌 별	훈독 わかれる	<ruby>別<rt>わか</rt></ruby>れる 헤어지다
	음독 べつ	<ruby>別<rt>べつ</rt></ruby><ruby>々<rt>べつ</rt></ruby> 따로따로 ㅣ <ruby>区<rt>く</rt></ruby><ruby>別<rt>べつ</rt></ruby> 구별 ㅣ
		<ruby>差<rt>さ</rt></ruby><ruby>別<rt>べつ</rt></ruby> 차별

代 대신할 대	훈독 かわる	か 代わる 대신하다, 바뀌다
	かえる	か 代える 바꾸다
	음독 だい	だいひょう　　　　　じ だい 代表 대표 ｜ 時代 시대
	たい	こうたい 交代 교대

| 待 기다릴 대 | 훈독 まつ | ま
待つ 기다리다 ｜ まちあいしつ
待合室 대합실 |
| | 음독 たい | たい き　　　　　 き たい
待機 대기 ｜ 期待 기대 |

分 나눌 분	훈독 わける	わ 分ける 나누다
	わかれる	わ 分かれる 나눠지다, 나뉘다
	わかる	わ 分かる 알다, 이해하다
	음독 ぶん	き ぶん　　　　 じ ぶん 気分 기분 ｜ 自分 자기, 자신
	ぶ	ぶ あつ 分厚い 두툼하다

行 갈 행	훈독 いく／ゆく	い 行く 가다(= 行く)
	おこなう	おこな　　　　　　　おこな 行う 행하다 ｜ 行われる 거행되다
	음독 こう	こうどう　　　　 ひ こう き 行動 행동 ｜ 飛行機 비행기
	ぎょう	ぎょう じ　　　　 ぎょうれつ 行事 행사 ｜ 行列 행렬

動 움직일 동	훈독 うごく	うご 動く 움직이다
	うごかす	うご 動かす 옮기다
	음독 どう	どうぶつ　　　　　かんどう 動物 동물 ｜ 感動 감동

切 벨 절 모두 체	훈독 きる	<ruby>切<rt>き</rt></ruby>る 끊다, 자르다	
	きれる	<ruby>切<rt>き</rt></ruby>れる 끊어지다 | <ruby>品切<rt>しなぎ</rt></ruby>れ 품절	
	きっ	<ruby>切手<rt>きって</rt></ruby> 우표 | <ruby>切符<rt>きっぷ</rt></ruby> 표	
	음독 せつ	<ruby>親切<rt>しんせつ</rt></ruby> 친절 | <ruby>大切<rt>たいせつ</rt></ruby> 소중함	
	さい	<ruby>一切<rt>いっさい</rt></ruby> 일체, 모두, 전혀	
立 설 립	훈독 たつ	<ruby>立<rt>た</rt></ruby>つ 서다 | <ruby>立場<rt>たちば</rt></ruby> 입장	
	たてる	<ruby>立<rt>た</rt></ruby>てる 세우다	
	음독 りつ	<ruby>国立<rt>こくりつ</rt></ruby> 국립 | <ruby>独立<rt>どくりつ</rt></ruby> 독립	
合 합할 합	훈독 あう	<ruby>合<rt>あ</rt></ruby>う 맞다 | <ruby>試合<rt>しあい</rt></ruby> 시합	
	あわせる	<ruby>合<rt>あ</rt></ruby>わせる 맞추다	
	음독 ごう	<ruby>合同<rt>ごうどう</rt></ruby> 합동 | <ruby>合格<rt>ごうかく</rt></ruby> 합격	
	がっ	<ruby>合唱<rt>がっしょう</rt></ruby> 합창	
	かっ	<ruby>合戦<rt>かっせん</rt></ruby> 싸움	
通 통할 통	훈독 とおる	<ruby>通<rt>とお</rt></ruby>る 통하다, 지나다 | <ruby>通<rt>とお</rt></ruby>り 길, 도로	
	とおす	<ruby>通<rt>とお</rt></ruby>す 통과시키다, 통하게 하다	
	かよう	<ruby>通<rt>かよ</rt></ruby>う 다니다	
	음독 つう	<ruby>通行<rt>つうこう</rt></ruby> 통행 | <ruby>交通<rt>こうつう</rt></ruby> 교통	